I0697595

IMAGINARIOS ANTROPOLÓGICOS, DISCURSO JUDICIAL Y CUESTIÓN INDÍGENA (Argentina 1887- 1969)

JOSÉ DANIEL CESANO

IMAGINARIOS ANTROPOLÓGICOS, DISCURSO JUDICIAL Y CUESTIÓN INDÍGENA
(Argentina 1887- 1969)

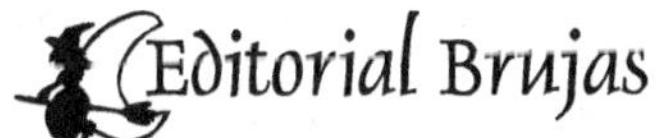

Cesano, José Daniel
    Imaginarios antropológicos : discurso judicial y cuestión indígena : Argentina 1887-1969 . - 1a ed. - Córdoba : Brujas, 2010.
    100 p. ; 21x13 cm.

    1. Derecho. 2. Antropología. 3. Pueblos Originarios. I. Título
    CDD 305.8

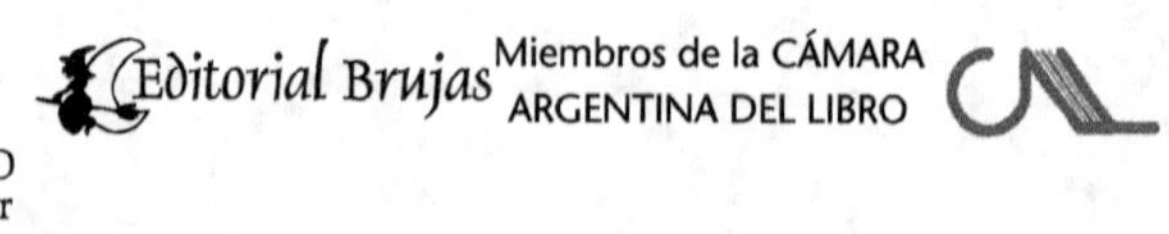

www.editorialbrujas.com.ar publicaciones@editorialbrujas.com.ar

Tel/fax: (0351) 4606044 / 4609261- Pasaje España 1485 Córdoba - Argentina.

"(...) la formación de la nueva raza, una obra de ingeniería a la vez natural y social, era considerada tarea central en la construcción de los países nuevos. Tarea coextensiva de la construcción de la nacionalidad, ¿qué papel relativo tendrían los diferentes elementos étnicos en la construcción del tipo racial nuevo? Los intelectuales argentinos sólo coincidían en juzgar negativamente la gravitación psicológica y moral de los componentes no íntegramente blancos - indios, negros y mestizos - de la población local, pero divergían en lo concerniente a la función eventualmente rectora de los dos constituyentes blancos, el de la Argentina criolla, procedente de la colonización española, y el de los contingentes llegados con la reciente inmigración europea".

Carlos Altamirano

Índice

§1.- Introducción

1.- Objeto

Tras la finalización de las luchas civiles – luego de la caída de Rosas en Caseros - el Estado nacional incrementó su poder; constituyéndose en un agente activo en la definición y construcción de la Nación[1].

En este proceso, entrc los años 1880 a 1910 – aunque, como analizaré en el texto, **su influencia siguió operando hasta bien entrado el siglo XX** -, la elite dirigente argentina, que tuvo a su cargo aquella definición y construcción de la nacionalidad, comulgó con la concepción del movimiento positivista. Como lo ha expresado Terán: el positivismo – sus categorías, su lenguaje y su confianza en la capacidad de la ciencia para dilucidar el

---

[1] Cfr. Hernán Otero, *Estadística y Nación. Una historia conceptual del pensamiento censal de la Argentina moderna 1869 – 1914*, Ed. Promctco, Bs. As., 2007, p. 333.

presente – atravesó algunos de los discursos más significativos que circularon en la esfera pública durante las últimas décadas del siglo XIX y la primera del siglo XX[2].

Este proceso de construcción de la identidad nacional, cuya lectura era realizada a partir de aquellos cánones positivistas, no pudo desentenderse de la existencia de grupos étnicos – anteriores al advenimiento de España y en forma coetánea con aquel proceso de construcción identitaria –, representados por los pueblos originarios.

¿Incidieron aquellas concepciones positivistas respecto de la cuestión indígena en la construcción de los discursos jurídicos de esa época?; en su caso, aquel discurso ¿fue el producto de un desarrollo argumental y conceptual científico **autónomo** o, por el contrario, se nutrió de otros saberes disciplinares distintos al jurídico?

Precisamente, en este trabajo intentaré dar respuesta a esos interrogantes; deteniéndome en una particular forma discursiva: la de los agentes judiciales (jueces, procuradores y

---

[2] Cfr. Oscar Terán, *Historia de las ideas en la Argentina. Diez lecciones iniciales, 1810 – 1980*, Siglo XXI Editores, Bs. As., 2008, p. 127.

asesores letrados) desarrollados en diversas sentencias.

Para lograr el cometido señalado habré de testear sólo dos aspectos puntuales que entraña la problemática de la cuestión indígena[3]: por una parte, las valoraciones insitas en aquellos decisorios cuando debió abordarse – como materia del pleito - la comisión de un delito por parte de quien formaba parte de un pueblo originario y, por otra, la discusión relativa a la capacidad jurídica civil de los integrantes de esas comunidades.

Para ello he trabajado sobre decisiones judiciales; en particular – aunque no de manera exclusiva – de la Corte Suprema de Justicia de la Nación.

---

[3] Lo que no significa desconocer la existencia de otras cuestiones también significativas que se reflejan en algunos fallos; como sucede, por ejemplo, con lo atinente a la posesión y propiedad de tierras por parte de las comunidades. Este aspecto, fue discutido en un decisorio de fecha 9/9/1929; en donde la Corte Suprema de Justicia de la Nación resolvió una acción de reivindicación por parte de representantes de un grupo indígena con respecto a los territorios de Cochinoca y Casabindo (cfr. *Fallos de la Corte Suprema de Justicia de la Nación* [en adelante *Fallos*], Tº 155, p. 302).

2.- Precisiones metodológicas

El abordaje que realizaré, desde lo metodológico, se inscribe en el análisis del discurso. Esta elección me exige explicitar diversas premisas sobre las cuales he intentado construir el desarrollo del texto.

Por una parte, considero que un determinado discurso (en este caso: el jurisprudencial) es una construcción colectiva: "[u]n texto debe verse como parte de un sistema o repertorio más amplio de textos a los que remite de manera consciente o inconsciente. El texto sigue 'un conjunto de reglas que caracterizan una práctica discursiva', a partir de la selección hecha en un fondo o repertorio común'(...)"[4]. De esta manera, desde un grupo de textos (fallos judiciales) intentaré reconstruir, primeramente, determinadas expresiones idiomáticas (relativas a la denominada *cuestión indígena*) que dependen "de las mismas fórmulas estandarizadas y lugares comunes; que comparten la misma gramática, vocabulario y retórica"[5].

---

[4] Cfr. Peter Burke, *Historia y teoría social*, Amorrortu editores, Bs. As., 2007, p. 146.

[5] Cfr. Annabel Brett "¿Qué es la historia intelectual ahora?", en David Cannadine (ed.), *¿Qué es la historia ahora?*, ALMED – Universidad de Granada, Granada, 2005, p. 213.

Pero además – y como lo aconseja Schorske – buscaré "localizar e interpretar el artefacto temporalmente en un campo en el que se intersecan dos líneas. Una línea es vertical, o diacrónica, y con ella [se] establece la relación de un texto o de un sistema de pensamiento con expresiones previas en la misma rama de actividad cultural (...). La otra es horizontal, o sincrónica; con ella [se] afirma la relación del contenido del objeto intelectual con lo que aparece al mismo tiempo en otras ramas o aspectos de la cultura"[6]. Dicho en otros términos: en este trabajo intentaré pensar la producción cultural examinada tanto desde la perspectiva de la historia del campo intelectual en el que se inscribe (esto es, el derecho; encarnado aquí, principalmente, en los decisorios judiciales; aunque considerando, también, la literatura jurídica coetánea) y, al mismo tiempo, "en sus relaciones con las otras creaciones (...) intelectuales y con otras prácticas contemporáneas a ella"[7] (especialmente, la

---

[6] Cfr. Carl Schorske, *Fin – de – siècle Vienna. Politics and Culture*, Cambridge University Press, New York, 1979, pp. XXI-XXII.

[7] Cfr. Roger Chartier, "¿Existe una nueva historia cultural?", en Sandra Gayol – Marta Madero (editoras), *Formas de historia cultural*, Ed. Prometeo, Bs. As., 2007, p. 35.

concepción antropológica).

De esta manera pretendo no olvidar la atinada recomendación de Burke en el sentido que la concentración analítica interna respecto de un discurso no debe desentenderse de sus *contextos*[8] o, de acuerdo a la concepción de Skinner – al reaccionar contra las viejas formas de historia intelectual (v.gr. la practicada por Lovejoy)[9] – en el sentido que un texto no

---

[8] Cfr. Burke, op. cit., p. 148. El mismo Burke (cfr. *Formas de historia cultural*, Alianza Editorial, Madrid, 2006, p. 252) expresó esta necesidad de reconstruir las conexiones entre saberes al afirmar que: "La razón de ser un historiador cultural es revelar las conexiones entre las distintas actvidades (...). Actualmente, el problema fundamental de los historiadores culturales (...) es evitar la fragmentación sin volver al engañoso supuesto de la homogeneidad de una sociedad o un periodo dados. En otras palabras, revelar la unidad subyacente (o, al menos, las conexiones subyacentes), sin negar la diversidad del pasado". De la misma opinión, Brett, "¿Qué es la historia (...)?", op. cit., p. 210: "La identificación o recuperación de una expresión particular como un acto ilocucionario particular depende de una conciencia de su situación de habla particular o *contexto*. Sólo podemos saber lo que un autor está haciendo al escribir un texto particular si sabemos las circunstancias de ese hacer. El resultado (...) [es] un método que sostiene que, para comprender los textos por los textos de habla específicos que son, necesitamos comprender el contexto histórico en que fueron pronunciados (...) [E]l 'contexto' puede ser multidimensional: una situación política específica, un entorno social o cultural, un contexto institucional (...)".

[9] Cfr. Arthur O. Lovejoy, "Reflexiones sobre la historia de las ideas", *Prismas. Revista de historia intelectual*, Ed. Universidad Nacional de Quilmes, N° 4, Bs. As., 2000, pp. 127/141.

puede comprenderse sin entender una cantidad de cosas que no se encuentran **dentro** de ellos mismos, sino en lo que podemos llamar su **contexto**; "incluyendo dentro de éste las circunstancias políticas y de todo tipo en las que el texto en cuestión fue escrito, las motivaciones que tenía el autor, los efectos que buscaba producir con él, y cómo buscaba convencer por medio de él, las convenciones que compartía con sus lectores inmediatos, el propio género en que el autor podía producir – y sus lectores decodificar – sus intervenciones, etc."[10].

Sin duda que el posicionamiento recién adoptado no deja de tener un gran desafió; que con toda precisión explica Brett: "El problema es exactamente cómo podriamos referirnos a un autor que hace algo dentro del discurso y, por otro, trasladar al autor a una realidad del todo diferente, **extradiscursiva**, desde la cual cualquier enlace con el texto se convierte en

---

[10]   Cfr. Eduardo Rinesi, Prólogo en Quentin Skinner, *Lenguaje, política e historia,* Ed. Universidad Nacional de Quilmes Editorial, Bs. As., 2007, p. 12. El trabajo que mejor explicita los postulados metodológicos de Quentin Skinner es: "Significado y comprensión en la historia de las ideas", en *Lenguaje, política (...)*, op. cit., pp. 109/164.

un asunto de especulación psicológica o determinismo socioeconómico o peor (¡). En la medida que este asunto permanece sin resolver, hay (...) todavía algo más que hacer para comprender las dinámicas de las interpretaciones y explicación contextual (...)"[11].

Según esta autora un modo de resolver el problema de la relación entre lo discursivo y lo no discursivo, de tender *un puente* entre texto y contexto, es "extender el dominio de la textualidad más allá de lo que ha sido considerado tradicionalmente como 'textos' para cubrir todas las formas de la actividad cultural"[12]. Y en este sentido, algunas prácticas de la historia cultural reciente - con las que personalmente comulgo - vienen efectuando ciertos desarrollos que giran en derredor de una categoría que permite afrontar, con provecho, este reto: *lo imaginario social o las representaciones*. Así Chartier[13] recomienda, por una parte, considerar al individuo (autor del texto), "no en la libertad supuesta de su yo

---

[11] Cfr. Brett, "Qué es la historia (...)", op. cit., p. 225.

[12] Cfr. Brett, "Qué es la historia (...)", op. cit., pp. 225/226.

[13] Cfr. Roger Chartier, *El mundo como representación. Historia cultural: entre práctica y representación*, Ed. Gedisa, Barcelona, 2002, p. X.

propio y separado, sino en su inscripción en el seno de las dependencias recíprocas que constituyen las configuraciones sociales a las que él pertenece". Por otra parte, también sugiere colocar, en un lugar central, "la cuestión de la articulación de las obras, *representaciones* y prácticas con las divisiones del mundo social y las conductas"[14]. Esta concepción deja espacio no sólo a un "mundo mental" monolítico, sino que, además, permite reconstruir el "proceso dinámico y discutido por el que los diferentes grupos sociales producen y consumen, publican y se apropian de representaciones o imágenes de ellos mismos y de otros, definiendo en el proceso su propia identidad y la de otros"[15].

---

[14] Cfr. Chartier, *El mundo (...)*, op. cit., p. X.

[15] Cfr. Brett, "Qué es la historia (...)", op. cit., pp. 227/228.

§ 2.- El discurso judicial argentino sobre la cuestión indígena (1887 – 1969) [16]

1.- Valoraciones con relación a delitos cometidos por aborígenes

Diversos fallos se han ocupado de esta cuestión. Dentro de los límites cronológicos de esta investigación[17] he detectado tres pronun-

---

[16] En este Capítulo ha resultado esencial la sistematización formulada en el excelente trabajo de Paulina R. Chiacchiera Castro, *La cuestión indígena. Análisis de la jurisprudencia de la Corte Suprema de Justicia de la Nación*, Ed. Advocatus, Córdoba, 2009, pp. 24/42. Por supuesto que, en todos los casos, para describir el caso o la argumentación del tribunal, **he trabajado sobre el fallo integro;** tal cual aparece publicado en el repertorio respectivo.

[17] El corte cronológico practicado (1969) se corresponde con el último fallo detectado que dictara la Corte federal respecto de los aspectos que aborda esta investigación, anterior – en todo caso – a la restauración democrática. La precisión se impone por cuanto, recuperada la democracia, la república Argentina comenzó un proceso de incorporación, a su derecho interno, de diversos instrumentos jurídicos internacionales de derechos humanos (Pacto Internacional de Derechos Civiles y Políticos, Convención

ciamientos al respecto; dos de ellos pertenecen a la Corte Suprema de Justicia de la Nación y uno a un Juzgado de 1ª instancia – luego confirmado por la Cámara Federal de Apelaciones – de Chubut, por entonces, recientemente provincializada[18].

Americana de Derechos Humanos, etcétera); proceso que, con la reforma constitucional de 1994, epiloga con la constitucionalización de aquéllos. Este movimiento, primero desde lo estrictamente normativo y, luego, con algunas proyecciones sobre la argumentación de los diversos operadores jurídicos, tuvo – y tiene – como consecuencia un cambio cultural de relevancia en el tratamiento de las cuestiones que aquí analizo. Sobre esta cuestión, cfr. mi trabajo "Delito y diversidad cultural: algunas reflexiones sobre el caso argentino", en Revista del Centro de Estudios Latinoamericanos, Universidad de Varsovia, Warszawa, 2004, pp. 49/70. Aclaro, además, que con posterioridad a la fecha de este corte cronológico (1969) la cuestión indígena mereció atención por parte de la judicatura. Así sucedió, por ejemplo, con los sucesos de Lonco Luan, en la provincia de Neuquén, el 22 de agosto de 1978. Este fallo, sin embargo, no se aparta de los imaginarios antropológicos (más concretamente, el evolucionismo cultural) que aquí se describirán. Respecto del caso Lonco Luan, cfr. mi trabajo Diversidad cultural y teoría del error, pp. 16/17, especialmente notas 49 y 50, en Horizontes y convergencias: lecturas históricas y antropológicas sobre el Derecho – Sección Investigaciones – disponible en http://horizontesyc.com.ar/. .

[18] En efecto, la ley 14.408 provincializó Formosa, Neuquén, Chubut y Río Negro. Esta ley, sin embargo, tuvo una breve vigencia pues la Revolución Libertadora revisaría todo el proceso. Pese a ello, el gobierno provisional convocó en 1957 a elecciones para una convención reformadora de la Constitución Nacional y, simultáneamente, para elegir los convencionales constituyentes de las nuevas provincias; entre ellas, la de Chubut. En 1957, Chubut dicta su primera Constitución. Respecto del proceso de

El primer decisorio se individualiza como "Criminal, contra el indio Gelabert; por homicidio de la india Teresa"[19]. El hecho ocurrió en octubre de 1885. El indígena Gelabert refiere que se encontraba en el monte cortando pindó[20] cuando se le apareció la víctima con cuchillo en mano. Ella le preguntó "por qué no la quería más, á lo que él le contestó que no la quería más porque ella lo había enfermado de mal venereo. Que entonces ella le tiró una puñalada al corazón, y que merced a un quite pudo evitarla, agujereándole solo la camisa. Que á esto siguió una lucha encarnizada entre ambos, á pesar de haberle podido quitar el cuchillo y arrojarlo al monte. Que enfurecido él tambien al verse tan pertinazmente agredido, pudo tomar un palo con el cual le asestó un golpe en la cabeza del que quedó muerta Teresa. Luego, agrega, que, temiendo la venganza

provincialización de los territorios nacionales, cfr. María Silvia Leoni de Rosciani, "Los territorios nacionales", en Academia Nacional de la Historia, *Nueva Historia de la Nación Argentina*, T° 8, Ed Planeta, Bs. As., 2001, pp. 71/72.

[19] Fallado en 1ª instancia el 1/8/1887 y resuelto por la Corte el 11/10/1887. Para el texto de estos pronunciamientos cfr. *Fallos*, T° II, pp. 208/212.

[20] Se trata de una palmera de la familia de las arecáceas, nativa del sur del Brasil, Paraguay, el noreste argentino, Bolivia y Uruguay.

de sus compañeros de toldería huyó"[21].

El imputado fue condenado a tenor de lo dispuesto por el artículo 97 del Código penal vigente (al momento del dictado de la sentencia)[22]. El procurador de la Corte, Eduardo Costa, solicitó la confirmación del fallo; lo que así efectuó el maximo Tribunal federal, remitiendo a los propios fundamentos de la sentencia de 1ª instancia y al dictamen del miniterio público fiscal.

Del análisis de este caso, merece destacarse la argumentación desarrollada por el juez letrado del Chaco. De su lectura pueden bosquejarse dos cuestiones: por una parte, las dificultades probatorias que presentaba el caso[23] y, por otro, la visión que el magistrado tenía respecto de la condición del imputado, sobre la base de su pertenencia a una comunidad aborígen. Concretamente el juez Alfredo

---

[21] *Fallos*, T° II, p. 209. Respeto en la transcripción de ésta - y de todas las citas subsiguientes - la grafía original.

[22] Se trataba del Código sancionado como ley 1920, promulgado por el Poder Ejecutivo Nacional por decreto de fecha 7 de diciembre de 1886. El artículo 97 disponía: "La pena será [de] tres años de prisión si la víctima misma provocó el acto homicida con ofensas ó injurias ilícitas y graves".

[23] Pues no existía ningún testigo directo; y todo se fundó en la propia confesión de Gelabert.

Parodié expresó que: "(...) por el largo tiempo transcurrido, por la ignorancia de los indígenas, por su resistencia pocas veces superable, á manifestarse con espontaneidad ante las autoridades, que tienen un orígen para ellos odioso, no ha sido posible investigar con mayor éxito la naturaleza del hecho. Luego, su ignorancia de nuestro idioma nacional, ó su defectuosísima espresion y comprension, la dificultad, á veces imposibilidad de la traslacion al lugar del hecho ó comparecencia de los testigos ó ignosicion de su paradero, y los escasos elementos con que cuenta la justicia, son otros tantos entorpecimientos para llegar á la constatacion del hecho, y de las circunstancias que determinan su naturaleza"[24].

El 18 de junio de 1948, nuevamente la Corte federal se ocupó de un caso en donde se imputaba a un indígena el delito de violación seguida de muerte de una menor de nueve años de edad. El precedente está individualizado como "Domingo Sitaloic"[25].

El hecho había ocurrido el 7 de mayo de 1942 en la Misión Laishi, localidad de Pre-

---

[24] Cfr. *Fallos* T° 2, pp. 209/210.

[25] Cfr. *Fallos* T° 211, pp. 340/342. El énfasis me pertenece.

sidente Irigoyen, Territorio Nacional de Formosa.

En este caso es interesante describir el argumento que pretendía utilizar el defensor del abórigen y la respuesta que dio la Corte: "Que tanto la indubitable criminalidad, perversidad brutal y temibilidad del procesado, sólo se ha invocado por la defensa la atenuante de la ebriedad *y el grado de absoluta incultura del autor*"[26].

Respecto del primer argumento, el tribunal expresó: "las pruebas rendidas en la causa acreditan que Sitaloic bebía habitualmente, por lo cual la ebriedad del día del crimen no puede consider arse involuntaria, y de acuerdo a una reiterada jurisprudencia de esta Corte Suprema (...) la eximente se debe desechar en tales casos"[27].

Con relación al segundo argumento, la Corte dijo: "Que en cuanto a su absoluta incultura y la ausencia de todo freno social o moral, ambas atenuantes son de todo punto de vista improcedentes en este juicio frente a un hecho de tan extrema gravedad. Su relativa capacidad

---

[26] Cfr. *Fallos* T° 211, p. 341. El énfasis me pertenece.

[27] Cfr. *Fallos* T° 211, p. 341.

para comprender y dirigir sus acciones está suficientemente demostrada en autos, por cuanto como él mismo lo refiere (...) supo 'comprender bien' la enormidad de su delito y hasta le sugirió la conveniencia de complicar a un tercero para atenuar su propia culpabilidad (...)"[28].

El tercer caso detectado fue fallado en Esquel, el 14 de marzo de 1958[29]. Tuvo como protagonista a un indígena a quien se le atribuyó el delito de estupro[30] en perjuicio de su nieta de doce años de edad. El juez de 1ª instancia — lo que luego confirmó la Cámara Federal de Apelaciones de Comodoro Rivadavia — absolvió al imputado argumentando que la menor — de acuerdo al concepto de la ley — era "deshonesta". En lo que sigue describiré, detalladamente, la argumentación por cuanto, en comparación con los fallos anteriores, este decisorio es el que se detiene de manera más extensa sobre la problemática que analizo:

---

[28] Cfr. *Fallos* T° 211, p. 341.

[29] El hecho tuvo lugar en una reserva indígena ubicada en el paraje "Boquete Nahuelpan".

[30] Disponía el artículo 120 del Código penal vigente al momento de aquella sentencia: "Se impondrá reclusión o prisión de 3 a 6 años, cuando la víctima fuere mujer honesta mayor de 12 años y menor de 15 y no se encontrare en las circunstancias de los números 2 y 3 del artículo anterior".

"Para los ojos de la ley habría habido deshonestidad, es el término que el legislador emplea, y el juzgador tendrá que equiparar los términos ante el drama de dolor y miseria que sus ojos contemplan y conduelen sus sentimientos. El drama del indio. ¿Puede llamarse deshonesta una criatura que se entrega voluntariamente a hacer vida marital con su abuelo, por que le conviene? ¿para qué la mantenga como su esposa? El abuelo [,] hombre de 72 años, indígena según lo expresa al proveyente en la audiencia de 'visu' vió a sus mayores hacer lo mismo, vivir con sus hijas, el hermano con la hermana, **_hábitos ascentrales [sic.] y atávicos de su raza_**. La práctica del incesto que nuestra ley tolera, y no reprime. La menor si bien tenía 12 años de edad y no podía dar válidamente su consentimiento es entregada por su propia madre para que conviva y cuide del abuelo. Se acuesta en la misma cama que su abuelo y ahí se inicia la vida marital como se hizo antes y se seguirá haciendo en la tribu indígena, hasta tanto el Estado no lo saque de esa concuspicencia, aún con fines defensistas de la sociedad. Las propias palabras del procesado advierten su condición y costumbres cuando dice que 'considere S.S. que soy de origen indígena y que los de mi raza no saben de delicadezas entre familias. Cometen torpezas que sólo a un indígena se le pueden aceptar y más cuando esto ocurre a un viejo analfabeto'. La nieta, indiecita también, por el ambiente semibárbaro en que se desarrolló su vida, por su falta de recato y de pudor, ante las circunstancias endógenas y exógenas que lleváronla al concúbito, no puede llamársele deshonesta. En su mentalidad deficitaria, estas son palabras huecas y sin sentido, ella siguió la suerte de todas las mujeres de su raza, de entregarse a los hombres sin discriminación de parentesco. En el caso se acuesta con su abuelo, su protector de quien recibía techo, cuidados y comida, iniciándose en la vida marital por que le convenía, provocó sus ansias sexuales, acostándose en la misma cama, echándosele encima. Luego se producen los acontecimientos comunes en la cohabitación del hombre y la mujer, dando rienda suelta al instintivo desenfreno de uno y otro que los guiaba, en su crudo materialismo de los congéneris [sic]"[31].

---

[31] Para el texto del fallo, cfr. *Jurisprudencia Argentina* T° 1958 – III, p. 570. El énfasis me corresponde.

2.- La cuestión de la capacidad jurídica civil de los pueblos originarios

En dos oportunidades – durante el período que comprende este trabajo – la Corte Suprema de Justicia de la Nación abordó cuestiones vinculadas con la capacidad jurídica civil de los aborígenes. A continuación describiré las argumentaciones que allí se desarrollaron.

La cuestión de hecho que se planteo en el primer caso puede sintetizarse así: el Defensor de pobres, menores e incapaces del Territorio Nacional de Formosa celebró un contrato con José J. Podestá. El objeto del contrato incluía, entre otros aspectos, el traslado de un grupo de indígenas (entre ellos, algunos menores de edad) a la Ciudad de Paris, con motivo de la Exposición Universal a realizarse entre el 15 de abril y el 12 de noviembre de 1900. Llegados a Buenos Aires, el Ministro de Justicia e Instrucción Pública dispuso el alojamiento momentaneo del grupo de aborígenes en establecimientos de su dependencia "á los efectos de averiguar si la intervención del Defensor de Menores que celebró el contrato de locación de servicios" "estaba ajustada á los preceptos de la Constitución Nacional, y de los decretos respectivos del gobierno". Ante ello, el otro contratante (José J. Podestá) interpuso una acción de hábeas corpus por cuanto – consideraba – que dicho alojamiento importaba "en el hecho y jurídicamente una verdadera restricción de la libertad personal de aquellos indígenas".

El juez federal de instancia, con fecha 7 de septiembre de 1899, hizo lugar a la acción, ordenando al Ministro la inmediata libertad de aquéllos. El caso llegó a la Corte Suprema de Justicia de la Nación; la que revocó el decisorio del juez de la instancia anterior.

El dictamen del Procurador Sabiniano Kier – al que también remite argumentalmente el fallo de la Corte – efectuó consideraciones de ínteres respecto a la cuestión que analizo. En efecto, por una parte, censuró duramente el objeto del contrato, dejando traslucir una imagen de los grupos originarios a los que caracterizó como "seres inconscientes":¿quién podría suponer – se preguntaba el procurador – "que esa restricción [de libertad] se ha producido deliberadamente en perjuicio de los pobres indígenas menores é incapaces, cuya situación afecta la compasion unánime del pueblo y del gobierno, y en cuyo favor se han dictado las medidas de proteccion para su alojamiento y subsistencia, por carecer ellos personalmente de todo recurso propio, hasta de la conciencia de sus derechos y del idioma indispensable para aprenderlos y hacerlos valer"[32].

Y luego de tal apreciación, sin desconocer "para los indios la actitud y el ejercicio de todos los derechos que la constitucion y leyes nacionales consagran a favor de todos los habitantes de la República", realizó una precisión relativa a la capacidad jurídica de aquéllos expresando que: "(...) tratándose de menores ó

---

[32] Cfr. *Fallos* T° 81, p. 249. E inmediatamente después, el Procurador – haciéndose eco de la crítica de algunos de los medios gráficos coetáneos –expresó: "La prensa de la capital ha denunciado un tráfico inmoral, una exportación de productos humanos indígenas de la Argentina con el propósito de exponer en el gradioso certamen de la civilización alcanzada en el universo entero al iniciar el siglo 20, la enseñanza lastimosa de la miseria y de la barbarie de una tribu indígena, y esto cuando la nación Argentina no tendrá otra representación ante los millares de visitantes de la exposicion universal, que aquellos desgraciados indígenas arrancados de los hogares á los afectos naturales de sus familias. Un eco de alarma ha resonado con justicia en todos los habitantes de la República y los poderes públicos han debido investigar, si aquellos míseros menores incapaces é inconscientes podrían ser extraidos del país sin su consentimiento ni conocimiento, como un producto natural cualquiera de las selvas argentinas" (p. 250).

incapaces por su falta de inteligencia y medios de comprension y de expresion de la voluntad, no ha debido prescindirse de los medios supletorios que establecen las leyes para la representacion legal en los actos y contratos que puedan afectar su persona y bienes. (...) No hay prisión ni arresto, ni se invoca mérito para ello. Sólo se requiere una revision judicial del contrato celebrado indebidamente por un defensor de menores, para que se declare, si es válido y jurídicamente autoritativo ese contrato celebrado sin intervencion de poderes ó tutores, para llevar del país y sacar de la jurisdiccion seres manifiestamente incapaces"[33].

Por su parte, el fallo de la Corte, también termina por introducir la cuestión relativa a la capacidad cuando argumenta que: "(...) el acto del Ministerio de Justicia de que Podestá se queja, conducirá en definitiva á poner á los indígenas en situacion de hacer manifestacion de voluntad con entera libertad respecto á su presente y futuro, *ya por sí mismos ó ya por sus representantes necesarios si debieran ser habidos por incapaces en las condiciones de*

---

[33] Cfr. *Fallos Tº 81, p.* 251.

la ley"[34].

Setenta años después, la Corte federal volvió a ocuparse de esta cuestión. En rigor, el voto que refleja ese aspecto de la discusión (capacidad jurídica civil) se identifica con la disidencia del ministro Marco Aurelio Risolía. Se trató de una acción de amparo promovida por un aborígen tehuelche integrante de la reserva indígena de Camusu – Aiké (Provincia de Santa Cruz). La acción se dirigía contra un acto administrativo emanado del Consejo Agrario Provincial y por el que se legitimaba el desalojo de tres mil animales que el amparista pretendía – primero en asociación con otra persona extraña a la comunidad y, luego, tras la compra de la parte correspondiente a aquélla, en forma personal – apacentar y cuidar en las tierras de la reserva. En primera instancia se hizo lugar al amparo. Sin em-

---

[34] Cfr. *Fallos Tº 81, p.* 254. El énfasis me pertenece. El fallo fue suscrito por los ministros Benjamín Paz, Abel Bazán, Juan E. Torrent y H. Martínez. En disidencia votó el juez Octavio Bunge; quien, tras considerar que "los indígenas han manifestado su conformidad con el contrato, pues en cumplimiento de una de sus cláusulas han consentido en trasladarse á esta ciudad, sin resistencia ni oposicion de ningún género", entendió que el alojamiento dispuesto por el Ministerio de Justicia carecía de causa legal y habilitaba la acción intentada.

bargo, el Tribunal Superior de Justicia de la Provincia de Santa Cruz, revocó el decisorio anterior; convalidando el acto administrativo cuestionado.

Resulta importante precisar los argumentos utilizados por la Provincia; y que el Juez Risolía rebate en este fallo. Al respecto, el Fiscal de Estado sostuvo: se "[n]iega, en fin, que los aborígenes puedan convertirse en 'ganaderos asociados a extraños', pues sólo les cabe (...) 'el laboreo de las tierras como forma de subsistencia y de integración moral de una raza en desaparición'. A su juicio, el Estado Provincial tiene el poder de policía sobre las tierras de Camusu – Aiké y en ejercicio de él puede disponer quiénes y en qué forma las habiten. La ocupación es 'precaria y provisoria' y 'sujeta al arbitrio político del gobernante'. No son tierras del dominio privado provincial mientras no se desafecte su destino y, por tanto, el Estado Provincial puede desalojar la reserva 'como podría desalojar una plaza pública'"[35].

Por su parte, el juez Risolía, argumentó en contra de las limitaciónes a la capacidad de los indígenas – que subyace en el parrafo re-

---

[35] Cfr. C.S.J.N., "Abdón López", 21/7/1969, *Fallos*:274, p. 175.

cién trascripto – expresando: "Que (...) cuadra establecer si la radicación de los aborígenes tehuelches en la reserva Camusu – Aiké supuso restricción a sus derechos civiles, a su trato y contrato con otros pobladores nacionales y extranjeros, y si el derecho a trabajar la tierra concedida y percibir los frutos importa la obligación de permanecer en las comunidades, sujetos a una limitada vida de relación, segregados de otros grupos humanos y sin la posibilidad de obtener al menos los beneficios de una explotación útil, al margen del dominio – público o privado – que corresponda a la Nación o a la Provincia. (...) Que en ese sentido, no hay ni en la Constitución ni en las leyes de la República norma alguna que restrinja la capacidad civil del abórigen, ni hay tampoco en los actos del Gobierno Nacional que determinaron el establecimiento de los tehuelches en la reserva de Camusu – Aiké disposiciones que conduzcan a una conclusión distinta. (...) Tampoco resulta otra cosa de las facultades conferidas a los organismos que han tenido a su cargo la dirección y protección del abórigen, con ejercicio de las funciones de asistencia y policía por delegación del Estado: la 'Comisión

Honoraria de Reducciones de Indios' (1916), la 'Dirección de Protección al Aborígen' (...) o la 'Dirección Nacional de Asuntos Indígenas', creada esta última con posterioridad a la creación de la Provincia de Santa Cruz y con la competencia federal que otorga el art. 67, inciso 15, de la Constitución, 'para todo el territorio de la República'"[36].

Y con respecto a la función del artículo 67, inciso 15, de la Constitución de 1853 - 1860[37], el minsitro Risolía manifestó que: dicha norma "(...) sólo apunta al trato colectivo con el indio, en tanto resista las instituciones de la República y comprometa la paz interior; porque incorporados a la vida nacional e individualmente considerados, no cabe duda que son para nuestra Ley Suprema personas con todos los derechos civiles y políticos propios de la condición de ciudadanos y habitantes. Aún así, en la hipótesis de cualquier acción que colectivamente los atienda. La Constitución determina (...) cuál es el poder que debe tratar con los indios, para conservar relación pa-

---

[36]   Cfr. *Fallos*: 274, p. 179.

[37]   Dicho artículo, originariamente numerado como 64, inciso 15 y tras la reforma de 1860 reubicado en ese numeral (67, inciso 15) establecía entre las atribuciones del Congreso de la Nación la de: "proveer a la seguridad de las fronteras, conservar el trato pacífico con los indios y promover su conversión al catolicismo".

cífica con ellos, reducirlos a nuestros hábitos y promover su conversión a la fe católica. Bien entendido que, por fortuna, suprimidas desde hace mucho las fonteras interiores, la eventualidad del enfrentamiento va quedando como el resabio de una época superada, *a través de un proceso de absorción prácticamente total de los núcleos aborígenes* (...)"[38].

---

[38] Cfr. *Fallos*: 274, p. 176/177. El énfasis me pertenece.

§3.- Contextualizando los discursos jurídicos

1.- Introducción

¿Cuál era el discurso prevaleciente de la elite gobernante respecto de la cuestión indígena en el último cuarto del siglo XIX y el primero del siguiente?

He dicho que una de las tareas prioritarias del incipiente Estado – nación fue la de crear una nueva identidad propia del pueblo argentino, en lugar de incorporar las alteridades preexistentes. En este sentido, "la confianza en una suerte de ingeniería poblacional con fines eugenésicos avaló distintos procesos de exterminio, invisibilización, transplante poblacional y homogeneización llevados a cabo por esa 'aplanadora cultural' (...) en que se erigió el Estado, enmascarando la diversidad mediante la utilización de mecanismos institucionales"[39]. Este proceso tuvo como premisa básica la *"integración"* de los pueblos originarios en el colectivo occidental; claro que esta *"integración"* que se pretendía estaba acompañada por operaciones sociopolíticas de desarrollo, modernización y progreso, así como de procesos biológicos de hibridización, **con el objeto de la pérdida de la condición de indígena**[40].

¿Es posible detectar elementos de este discurso en la trama argumental de las decisiones judiciales sintetizadas?

Considero que si.

Para confirmar esta afirmación habré de utilizar los instrumentos propios del análisis del discurso[41]; los que permiten un análisis cada vez más sofisticado – a partir de una me-

---

[39] Cfr. Carlos Belvedere - Sergio Caggiano – Diego Casaravilla – Corina Courtis – Gerardo Halpern - Diana Lenton – María Inés Pacecca, "Racismo y discurso: una semblanza de la situación argentina", en Van Dijk, Teun A., (coordinador), *Racismo y discurso en América Latina*, Ed. Gedisa, Barcelona, 2007, p. 37.

[40] Cfr. Belvedere - Caggiano – Casaravilla - Courtis - Halpern - Lenton – Pacecca, "Racismo y discurso (...)", op. cit., p. 39.

[41] He utilizado esta metodología en José Daniel Cesano – Dora Alejandra Muñoz, *Inmigración, anarquismo y sistema penal: los discursos expertos y la prensa – Córdoba y Buenos Aires 1890 - 1910 – (protesta social, flujos migratorios y criminalización)*, Alción Editora, Córdoba, 2010.

todología interdisciplinaria - de las estrategias y estructuras de aquél[42].

En este sentido, entiendo que la trama de los discursos jurisprudenciales que he descrito en el capítulo anterior puede caracterizarse como la de *un discurso racista*; respondiendo a las estructuras y estrategias que caracterizan dicha forma discusiva.

Ello se pone claramente en evidencia a través de la utilización de diversos recursos que tienen como eje poner énfasis en lo "positivo del *Nosotros*", al mismo tiempo que remarcan lo "negativo del *Ellos*" (de la *otredad*)[43].

Así es frecuente **encontrar expresiones de estereotipos en la descripción de los**

---

[42] Expresa Teun A. Van Dijk, *Racismo y análisis crítico de los medios,* Ed. Paidos, Barcelona, 1997 (1ª edición), p. 16, que: "A fin de estudiar eficazmente los problemas sociales o los temas relevantes, el trabajo del análisis crítico del discurso suele ser inter o multidisciplinario, y se fija particularmente en la relación existente entre discurso y sociedad (con la inclusión de conocimiento social, política y cultura)". Agregando, más adelante, que: "Tanto histórica como sistemáticamente, el análisis crítico del discurso forma parte de un amplio espectro de estudios críticos (...) sobre humanidades y ciencias sociales, por ej. sociología, psicología, investigación de las comunicaciones de masas, leyes, literatura o ciencias políticas".

[43] Seguimos aquí a Van Dijk, "Racismo y discurso en América Latina: una introducción", en Van Dijk, Teun A., (coordinador), *Racismo y discurso en América Latina*, op. cit., pp. 28/29.

miembros de grupos étnicos; que se reiteran con insistencia[44]: "ambiente semibarbaro", "seres inconscientes", "hábitos (...) atávicos de su raza", "mentalidad deficitaria", "absoluta incultura"; son expresiones de uso común en los fallos anteriormente sintetizados.

También se advierte una selección de términos en los textos; la que provoca un contraste – con innegable perspectiva etnocéntrica – entre "Ellos" y "Nosotros".

Un buen ejemplo de esto son las palabras expresadas por el juez de Esquel cuando manifestó, con relación a las viejas costumbres de los aborígenes de la reserva respecto a las prácticas de iniciación sexual de las menores por sus abuelos, que éstas prácticas continuarían *"hasta tanto el Estado no lo saque de esa concuspicencia, aún con fines defensistas de la sociedad"*.

O las palabras del Procurador Kier al criticar la actitud de aquel empresario que pretendía llevar a la exposición universal a un grupo de aborígenes; censurando la misma con los siguientes términos: "una exportación de

---

44 Según Van Dijk, "Racismo y discurso (...)", op. cit., p. 29, otro de los recursos utilizados en la construcción del discurso racista es el de la "repetición de temas negativos" en la trama argumental.

productos humanos indígenas de la Argentina con el propósito de exponer *en el gradioso [[Sic] certamen de la civilización alcanzada en el universo entero* al iniciar el siglo 20, *la enseñanza lastimosa de la miseria y de la barbarie de una tribu indígena*".

Resulta interesante también analizar la relación entre el enunciador con el *tú*-enunciatario. Esto se advierte, en particular, cuando el operador judicial (juez, procurador, etcétera) pone en boca de un sujeto determinado (en este caso: el miembro de un pueblo originario) tal o cual versión (testimonio) para resolver el conflicto. Dentro de los fallos analizados, el dictado por el juez de Esquel resulta el más apropiado para efectuar este examen.

¿Y cuál es la importancia de este análisis?

Cuando a partir de un testimonio se reconstruye una versión de lo acontecido, no sólo se trata de percibir sino, *y quizás sobre todo*, de transmitir un saber "que implica un recorte del objeto sobre la base de lo que el sujeto está en condiciones de aprehender dado el lugar desde donde se ubica, que implica también una posición epistémica y axiológica que lo lleva a diferenciar lo que se sabe de lo que no se sabe, cree o imagina, lo que selecciona como verdadero, importante, bueno", etcétera[45]. Evidentemente, la versión marcadamente peyorativa que auto-enfatiza los aspectos negativos del aborigen indagado[46] representa un claro recorte, de fuerte contenido etnocéntrico, que trasunta una percepción axiológica del magistrado actuante destinada a resaltar lo negativo de la *otredad*.

Finalmente, otro de los mecanismos argumentativos utilizados por los discursos que analizo consiste en hacer hincapié en que determinadas medidas tutelares (por no decir paternalistas), que en otro contexto podrían ser objetos de censura, pueden resultar beneficiosas para los integrantes del grupo étnico diferente[47]. En esa orientación la idea del juez

---

[45] Cfr. Ricardo Lionel Costa – Danuta Teresa Mozejko, "Producción discursiva: diversidad de sujetos", en Mozejko - Lugares del decir. Competencia social y estrategias discursivas, Costa, Compiladores, Homo sapiens Ediciones, Rosario, 2002, p. 29.

[46] El fallo reproduce tanto la versión que expresara el imputado durante su defensa material (declaración indagatoria) como en la audiencia *de visu* que exigía la vieja legislación procesal penal federal antes del dictado de la sentencia.

[47] Sobre esta forma argumental, cfr. Teun A. Van Dijk – Stella Ting – Toomey – Geneva Smitherman – Denise Troutman, "Discurso, filiación étnica, cultura y racismo", en Teun A. Van Dijk, compilador, *El discurso como interacción social*, Barcelona, Ed. Gedisa, 2005, p. 252.

Risolía de la necesaria *"absorción"* total de los pueblos originarios – que es presentada como un proceso de aculturación positivo en la concepción del magistrado, pero que naturalmente epilogaría en la erosión de la identidad de los pueblos originarios – resulta, también, ejemplificativa de las características y estrategias de estas formas discursivas.

Ahora bien: ¿hasta qué punto las representaciones contenidas en esos discursos jurisprudenciales – tributarias, según lo he demostrado, de una innegable visión racista y etnocéntrica - eran producto de las concepciones jurídicas de la época?

Y si lo eran, ¿sobre qué otras bases disciplinares se construía aquel saber jurídico?

En los siguientes acápites intentaré ensayar una respuesta a estos interrogantes.

2.- Cuestión indígena, ciencia jurídica y antropología: entre el darwinismo social y el evolucionismo cultural

En el último cuarto del siglo XIX y durante los primeros decenios del siguiente los indígenas eran considerados "como delincuentes naturales"[48].

Por entonces, en Argentina, el positivismo criminológico italiano tenía una fuerte presencia en las principales cátedras universitarias de Derecho penal (por ejemplo: Buenos Aires y Córdoba). Por lo tanto, no debe resultar para nada extraño este imaginario.

De hecho Lombroso, en las primeras elaboraciones de su teoría, sostuvo que el criminal era un ser *atávico*, "un salto atrás en muchos siglos de la historia (...) un hombre que nace salvaje en medio de nuestra civilización"[49]. Y en su obra *El hombre delincuente* este autor anotó "importantes analogías entre los rasgos característicos de los criminales – alteraciones del cráneo y del cerebro, particularidades de la estatura, peso, rasgos faciales determinados – con las de los pueblos salvajes"[50].

¿Qué grado de recepción tuvo *esta tesis*

---

[48] Cfr. Marta Noemí Penhos, "Frente y perfil. Una indagación acerca de la fotografía en las prácticas antropológicas y criminológicas en Argentina a fines del siglo XIX y principios del XX", en AA. VV., *Arte y antropología en la Argentina*, FUNDACIÓN ESPIGAS, Bs. As., 2005, p. 46.

[49] Cfr. Cornelio Moyano Gacitúa, *Curso de Ciencia Criminal y Derecho Penal Argentino*, Félix Lajouane Editor, Bs. As., 1899, p. 130.

[50] Cfr. Penhos, "Frente y perfil (...)", op. cit., p. 47.

(*atavismo*) entre los autores vernáculos?

En general, bastante reducida.

Así, por ejemplo, si bien Drago – en una obra representativa de este período – comienza su exposición reconociendo que la braquicefalia, frecuente en los cráneos de algunos criminales, también se encuentran en las "medidas craneométricas de los indios del Chaco, tomadas por el Dr. Luis J. Fontana", lo que confirmaría "en alguna manera esta opinión"[51]; en las páginas subsiguientes relativiza y censura abiertamente dicha concepción[52].

Lo mismo puede advertirse en la opinión de Moyano Gacitúa[53].

---

[51] Cfr. Luis María Drago, *Los hombres de presa,* Félix Lajouane Editor, Bs. As., 1888, pp. 121/122.

[52] Cfr. Drago, op. cit., p. 125: "Ya hemos discutido al enunciar las anomalias somáticas que caracterizan á los delincuentes, el valor relativo de muchos de los signos que sirven de base á Lombroso para sostener la hipótesis de una regresion especifica, y solo recordaremos aquí que, según tambien lo dijimos, ellos han sido indicados por muchos autores como sintomas de la locura moral, llegándose á precisar que provienen de causas más directas y asignables que la influencia de remotos antepasados en la evolucion de las jeneraciones".

[53] Cfr. *Curso de Ciencia Criminal* (...), op.cit., p. 131: "El criminal no es un ser atávico, porque no está probado que los salvajes ó cualquier salvaje tuvieran tendencias criminales ó malvadas. Los sabios han demostrado la existencia de muchas tribus salvajes bondadosas y humanitarias. Tarde demuestra la existencia de

La explicación de este rechazo es entendible por cuanto el positivismo argentino se caracterizó por una recepción de las ideas italianas **no pacífica**, sino más bien **crítica**[54].

No obstante el repudio de esta premisa, me parece necesario enfatizar lo siguiente: hay en la concepción de los científicos y criminólogos de la época una percepción que vincula la criminalidad con la raza. Dicho en otras palabras: aún cuando no se viese en el delin-

tribus primitivas inclinadas comunmente al bien, probas y piadosas". Critica también esta teoría Manuel Obarrio, *Curso de Derecho penal*, Félix Lajouane Editor, Bs. As., 1902, p. XXV y ss. En rigor, el propio Lombroso modificó esta concepción original. Es interesante, al respecto, la descripción que formula José Ingenieros (cfr. *Criminología,* Buena Vista Editores, Córdoba, 2008 [1ª edición 1907], p. 97): "Son notorias las sucesivas modificaciones de criterio reflejadas en la obra de Lombroso. Al principio concibió el delincuente nato como un degenerado 'atávico', como un salvaje perdido en la civilización moderna. Después lo asimiló con el 'loco moral', entrando sin sospecharlo, al terreno de la psicopatología criminal. Sostuvo, más tarde, que no se trataba de un atavismo físico, sino de un 'atavismo moral'. Creyó, por fin, que el delincuente – nato era un epiléptico'; pero como la hipótesis fuese muy resistida, parecióle que sería más viable afirmando que era solamente una 'epilepsia larvada'".

[54] Cfr. Abelardo Levaggi, "Esbozo de las ideas penales argentinas en la década de 1890", *Revista de Historia del derecho "Ricardo Levene",* N° 30, Ediciones Ciudad Argentina, Bs. As., 1995, p. 241. También me he pronunciado en esa dirección en mi trabajo *En el nombre del orden. Ensayos para la reconstrucción histórica del control social formal en la Argentina*, Alveroni Ediciones, Córdoba, 2006, pp. 69/70.

cuente – como originariamente lo hacía Lombroso – un ser en donde reaparecían caracteres propios del salvaje, esto no significa que la pertenencia a un grupo étnico determinado no fuese analizada como un factor con incidencia sobre la criminalidad[55].

En esta dirección, Moyano Gacitúa expresaba: "En la composición de los factores étnicos de la población que ocupa la República [Argentina] hubo que descontar naturalmente como una entidad negativa y disolvente la raza indígena del país, por cuanto legó á las civilizaciones futuras una herencia de crueldad y barbarie, de evidente acción retardataria, que más de una ocasión, no obstante la distancia de períodos ya seculares que la separa, ha hecho sentir su influencia malsana de oposición y guerra á la civilización (...)"[56].

Con mucha mayor crudeza esta percep-

---

[55] Esto también era admitido por Lombroso en obras posteriores. Así, en su libro *El delito. Sus causas y remedios*, Librería General de Victoriano Suárez, Madrid, 1902, p. 35 y ss., luego de matizar la concepción radical sostenida por la teoría del atavismo – al admitir la existencia de "muchas tribus salvajes [que] parecen tener una moral *sui generis*, que aplican á su manera" dedica un extenso capítulo a la influencia de la raza en la criminalidad.

[56] Cfr. Cornelio Moyano Gacitúa, *La delincuencia Argentina ante algunas cifras y teorías*, Casa Editora F. Domenici, Córdoba, 1905, p. 100.

ción también estuvo presente en Ingenieros. Su discurso – **de evidente corte racista**[57] – tendía a expulsar a pretendidas razas inferiores (población negra e indígena) de aquel proyecto utópico de liderazgo de la Argentina a partir de la formación "de una nueva raza"[58]:

____

[57] Por supuesto que estas creencias, como afirma Oscar Terán (cfr. *José Ingenieros: pensar la nación. Antología de* textos, Alianza Editorial, Bs. As., 1983, p. 40), *"eran auténticas convicciones de época"* que abarcaban a los más variados sectores. Este clima cultural (del que formaban parte, entre otros, Carlos Octavio Bunge, Lucas Ayarragaray, Joaquín V. González, Agustín Álvarez y Víctor Mercante) es descrito con precisión por Hugo E. Biagini, "América Latina, continente enfermo", en Gustavo Vallejo – Marisa Miranda (compiladores), *Políticas del cuerpo. Estrategias modernas de normalización del individuo y la sociedad,* Siglo XXI editores, Bs. As., 2007, pp. 259/261.

[58] Ingenieros "consideraba superiores a las razas blancas, por la organización social y cultural logradas en los últimos siglos. Y esperaba que en los próximos años se terminará de conformar una 'raza blanca argentina'. 'Nacionalidad argentina implica, pues, sociológicamente raza argentina (...) Está en formación: no se han extinguido todavía los últimos restos de las razas indígenas y de la mestización colonial'" (cfr. Ana María Talak, "Eugenesia e higiene mental: usos de la psicología en Argentina (1900 – 1940)", en Marisa Miranda – Gustavo Vallejo, *Darwinismo social y eugenesia en el mundo latino*, Siglo veintiuno de Argentina Editores, Bs. As., 2005, p. 580). La proclamación de la pretendida superioridad de la raza blanca la efectúa Ingenieros, entre otros trabajos, en "La formación de una raza Argentina"; publicada en José Ingenieros, *Sociología argentina*, Biblioteca Argentina de historia y política, Ed. Hyspamerica, Bs. As., 1988, p. 308: "Hay un hecho uniformemente admitido por la etnografía: las razas blancas han mostrado en los últimos veinte o treinta siglos una superioridad para la orga-

Igualmente, el indio, "resulta inasimilable a la civilización blanca y, dado que finalmente la lucha por la vida lo extermina, su protección únicamente es admisible para asegurarle otra vez esa 'dulce extinción' (...)"[59].

Ahora bien: si en el ámbito de la cultura jurídica argentina el atavismo no generó mayores adhesiones ¿cuáles fueron las características de los discursos disciplinares que sirvieron de materia prima para la argumentación jurídica que recién describiera?

Sin duda la respuesta a este interrogante debe buscarse en el estado de la *ciencia social* de aquella época.

Al respecto, debe tenerse presente que entre las últimas décadas del siglo XIX y, por lo menos, los primeros tres lustros del siglo XX, las teoría e interpretaciones que se calificaban como sociológicas, carecían de fronteras precisas: su campo no se delimitaba con claridad respecto de otros saberes disciplinares como la historia, la psicología, la biología o la

---

nización social del trabajo y de la cultura; sus núcleos especiales son llamados naciones civilizadas".

[59] Terán, *José Ingenieros (...)*, op. cit., p. 55. Y, enseguida, Terán enfatiza que "esta estrategia" no es exclusiva de Ingenieros sino propia del "clima sociodarwiniano" que se vivía por entonces.

antropología[60].

Lo interesante es que estas teorías e interpretaciones sociológicas – que se difuminaban sobre terrenos disciplinares tan diversos – ofrecían lecturas de la cuestión social que, la literatura científica actual, sistematiza en dos vertientes significativas: el ***darwinismo social*** y el ***evolucionismo cultural***.

Entre ambas orientaciones existen diferencias significativas; que estimo necesario precisar.

El darwinismo social aglutinaba concepciones "que adoptaban criterios extraídos de las revolucionarias posiciones de Darwin sobre la evolución de las especies para aplicarlas a las lecturas de los hechos sociales. La traducción resultaba sencilla y tentadora en un momento de intensas luchas sociales y de expansión colonialista de los países más de-

---

[60] Cfr. Carlos Altamirano, "Entre el naturalismo y la psicología: el comienzo de la 'ciencia social' en la Argentina", en Federico Neiburg – Mariano Plotkin (compiladores), *Intelectuales y expertos. La constitución del conocimiento social en la Argentina*, Ed. Paidós, Bs. As., 2004, p. 51. De la misma opinión, Natalio R. Botana – Ezequiel Gallo, *De la República posible a la República verdadera (1880 – 1910)*, Biblioteca del Pensamiento Argentino, T° III, Ed. Ariel, Bs. As., 1997, p. 98, quienes refieren que el debate en torno a estas cuestiones "careció de sistematicidad".

sarrollados del planeta"[61]; sirviendo de justificación seudocientífica del derecho de los más poderosos (ya fueran naciones o clases sociales) sobre los más débiles. La teoría biológica darwiniana – desarrollada en *El origen de las especies* (1859) – postulaba una ley general según la cual las especies vivientes luchan por la supervivencia, y triunfan aquellas que mejor se adaptan al medio. Estas últimas se desarrollan y expanden, mientras las demás se ***extinguen***.

Llevando estas nociones a la interpretación de la cuestión social, Ingenieros – que es uno de los representantes vernáculos de esta concepción[62] – ofrece una buena muestra del alcance y proyección de dicha postura en el siguiente pasaje de su obra *La formación de una raza argentina*: "Cuando varias especies vivas se encuentran en un mismo medio y toman en él recursos de vida similares, acaban

---

[61] Cfr Terán, *Historia de las ideas (...)*, op. cit., p. 139.

[62] En rigor, los intentos de trasladar la teoría darwiniana a la explicación de la cuestión social data de épocas anteriores. Así, Sarmiento, en una conferencia pronunciada en el Teatro Nacional, el 30 de mayo de 1881, trató de "llevar la teoría de Darwin, para explicar la influencia social que tales movimientos en las ideas ejercen en nuestra época" (cfr. Domingo Faustino Sarmiento, *Darwin*, Ed. Universidad Nacional de Córdoba, 2009, p. 36).

por prevalecer las mejor dotadas para luchar por la vida dentro de ese medio, es decir, las más adaptables. Esto ocurre también entre las razas de una misma especie, entre los grupos de una misma raza y entre los individuos de un mismo grupo. Ese principio general rige en el caso particular de la especie humana, cuando varias de sus razas coexisten en un mismo territorio. Pueden ocurrir dos cosas: 1° Si las razas luchan por la vida sin mezclarse, sobrevive la más adaptable al medio y se extinguen las otras; 2° Si se mezclan, suelen prevalecer en la promiscuidad los caracteres de las mejor adaptadas al doble ambiente físico-social"[63].

Esta concepción, tiempo más tarde, adquirió nuevos bríos gracias a la eugenesia galtoniana; derivación directa del darwinismo social[64].

En este sentido, parece indudable que la hegemonía política construida con el refuerzo científico de teorías biológicas legitimadoras de la seudo superioridad del hombre

---

[63] Cfr. Ingenieros, "La formación de una raza (...)", op. cit., p. 308.

[64] Cfr. Otero, *Estadística y Nación (...)*, op. cit., p. 359.

blanco durante el exterminio indígena, "fue un sustrato particularmente propicio para la emergencia de la eugenesia en momentos en los que el factor central del conflicto era identificado en la inmigración masiva. De este modo, el peligro de la otredad, **ya sea antes el indígena o luego el inmigrante**, operó como poderoso catalizador de intereses aunados en pos de la llamada 'defensa social', que ubicó a aquellos dentro de las omnicomprensivas categorías de enfermos o criminales"[65].

Precisamente Francis Galton fue mucho más lejos que el propio Lombroso al pretender que la detección de aquellas categorías no deseadas (enfermos y criminales) debía formar parte de una amplia tarea clasificatoria de los individuos "para que cada uno ocupe su nivel correspondiente dentro de la sociedad, a la que concebía como una máquina bien ajustada, controlada y calibrada por las clases altas. En su operativizada interpretación de la 'Teoría de la evolución', las diferencias entre razas y clases sociales quedaban equiparadas a las que

---

[65] Cfr. Gustavo Vallejo – Marisa Miranda, "La eugenesia y sus espacios institucionales en Argentina", en Miranda – Vallejo (compiladores), *Darwinismo social (...)*, op. cit., p. 146.

presentaban las especies animales"[66].

[66] Cfr. Vallejo – Miranda, "La eugenesia y sus espacios (...)", op. cit., p. 149. Por supuesto que, para clasificar seres, debió primero identificar y establecer claramente los patrones de "normalidad"; de allí el afán por realizar mediciones antropométricas. La antropometría y la fotografía se convirtieron así en técnicas de suma utilidad. Dichas técnicas fueron empleadas, durante fines del siglo XIX y principio del siguiente para el estudio respecto de algunos aborígenes sometidos. Penhos, op. cit., p. 32, destaca la similitud de las tomas fotográficas realizadas por el antropólogo Herman Ten Kate, en el museo de La Plata, con relación a un grupo de araucanos, con la metodología empleada para la conformación de la *Galería de Ladrones,* utilizada para los procedimientos policiales de identificación (sobre la Galería de Ladrones, cfr. Lila Caimari, La ciudad y el Crimen. Delito y vida cotidiana en Buenos Aires, 1880-1940, pp. 53/55).En ambos casos se trata de tomas de frente y perfil. La observación anterior es una constante en la literatura antropológica moderna. Así, Alejandro Isla, *Los usos políticos de la identidad. Criollos, indígenas y Estado,* Ed. Libros de la Araucaria S.A., Bs. As., 2009, p. 131, expresa respecto del trabajo que publicara en la *Revista del Museo de La Plata* (tomo XVIII, 1911 – 1912) Carlos Bruch, bajo el título "Apuntes sobre antropometría de cuatro naturales del noroeste argentino" que: "Las placas los exponen como en la paleta del taxidermista, o como en el prontuario policial (frente y perfil). Son 'bichos raros', indios, o mestizos con mucha sangre india, dignos especimenes de una colección". Por su parte, con relación a una expedición antropológica a la reserva tehuelche de Camusuaike, que realizara en 1949-1950, José Imbelloni, al fotografiar a un miembro de la comunidad, expresa, Diego Lewin que: se observa "al tehuelche sentado como para una foto de prontuario (...)"; en tanto que, "las fuerzas de seguridad del Estado respaldan esa acción de registro que realizan esos científicos (...)" (cfr. "Los orígenes de la ciencia antropológica. La práctica antropológica en la Argentina desde fines del siglo XIX hasta los años 40", en Alejandro Balazote – Mariano Ramos – Sebastián Valverde [Editores], *La antropología y el estudio de la cultura. Fundamentos y antecedentes,* T° 1, Ed. Biblos, Bs. As., 2006, p. 49). Para una

El evolucionismo cultural, por su parte, sin renunciar a una visión jerárquica de los grupos y sociedades humanas, adhirió, en cambio, a teorías monogenistas que desembocaban en la creencia de una especie humana única. Impulsados por el concepto de evolución, "las variaciones observadas entre grupos y razas fueron consideradas como producto de desigualdades (y ya no de diferencias) *y, por tanto, susceptibles de ser superadas* gracias a los avances – vistos como inevitables – de las sociedades en el camino de la civilización"[67].

Esta última orientación también se reflejó en la teoría social de la época.

En efecto, he señalado ya que aquella teoría no aparecía como un concepto puro sino como el producto de la intersección de variados saberes disciplinares. Y uno de ellos era la disciplina antropológica; a la sazón en su período embrionario.

Durante las últimas décadas del siglo

---

comparación entre las fotos prontuariales y la de los indígenas, cfr. Penhos, op. cit., pp. 57, 59 y 63 e Isla, op. cit., p. 133. Para la placa fotográfica en donde se exhibe el momento en que Imbelloni y Bórmida fotografían, con la presencia de miembros de fuerzas de seguridad, a un aborigen tehuelche, cfr. Lewin, op. cit., p. 48.

[67] Cfr. Otero, *Estadística y Nación (...)*, op. cit., p. 359.

diecinueve la disciplina antropológica europea y norteamericana estuvo también estrechamente asociada a las ciencias naturales; especialmente a la biología[68]. Sin embargo, ciertos cultores de la disciplina – *sin renegar de las ideas darwinianas y sus proyecciones sobre lo social* – conformaron el núcleo central de lo que se denominaría el evolucionismo cultural[69]. Tal el caso, por ejemplo, de Lewis Henry Morgan y Edward Burnett Tylor. Ambos pensadores, en *Ancient Society* (1877) y *Pri-*

[68] La Argentina no escapó a esta tendencia. Cfr., al respecto, Lewin, "Los orígenes (...)", op. cit., p. 48. Esta afirmación – en lo que a nuestro ámbito cultural concierne - puede ser corroborada, por ejemplo, si se examina el artículo redactado por Florentino Ameghino, para el volumen que realizara el diario *La Nación*, con motivo del centenario, intitulado "Geología, Paleogeografía, Paleontología, Antropología", pp. 174/180. No hay allí ninguna referencia a lo que hoy denominamos antropología cultural (en Estados Unidos) o antropología social (en Gran Bretaña), según sea el enfoque teórico al respecto (cfr., para esta distinción, Cristoph Wulf, *Antropología. Historia, cultura, filosofía*, Ed. Anthropos, Barcelona, 2008, p. 97). Por el contrario, todo el desarrollo del autor se vincula con las ciencias naturales; entre las cuales incluye a la antropología.

[69] El énfasis puesto en el párrafo anterior se explica porque, como refiere Ángel Palerm, *Historia de la etnología II. Los evolucionistas,* 3ª edición, Ed. Universidad Iberoamericana, México, 2005, p. 220, tanto en Estados Unidos como en Inglaterra, las teorías evolucionistas se confundían con frecuencia con el darwinismo social; siendo utilizadas "para justificar la colonización de las razas consideradas inferiores y la destrucción de sus culturas".

mitive Culture (1871) respectivamente, merced a la utilización del método comparativo, reconstruyeron los estadios de la evolución de la cultura humana a través de una serie de secuencias. Así, Morgan distinguió tres períodos étnicos: salvajismo, subdividido en inferior, medio y superior; barbarie, con idéntica subdivisión que la anterior, y civilización[70]. Y afirmaba que la experiencia del género humano discurría por canales casi uniformes, transitando por cada una de estas secuencias fijas[71].

Estas apreciaciones tampoco resultaron ajenas a los momentos iniciales de la antropología vernácula[72]. En este sentido, el territorio del Gran Chaco y sus pueblos originarios, se convirtió, por aquel entonces, en "'el casillero salvaje' asignado a la disciplina"[73].

Al respecto, estimo ilustrativo detenerme en las tareas realizadas por Robert Leh-

---

[70] Sobre el esquema de Morgan, cfr. Marvin Harris, *El desarrollo de la teoría antropológica. Una historia de las teorías de la cultura,* Siglo veintiuno Editores, México,1997, pp. 156/159.

[71] Lo que, a su vez, se explicaba porque, las necesidades humanas, en condiciones similares, han sido esencialmente las mismas.

[72] En 1903 se abrió una cátedra de Antropología en la Universidad de Buenos Aires.

[73] Cfr. Gastón Gordillo, *En el Gran Chaco. Antropologías e historias,* Ed. Prometeo, Bs. As., 2006, p. 229.

mann – Nietzche[74].

En el capítulo segundo de este trabajo describí un fallo en donde la Corte federal rechazó una acción de hábeas corpus deducida por un empresario "a favor" de un grupo de aborígenes que fueron albergados, transitoriamente, en dependencias del Ministerio de Justicia de la Nación con el objeto de impedir que éstos fuesen sacados del país para ser exhibidos en la Exposición Universal de Paris. Corría el año 1899. Los aborígenes en cuestión eran moradores del *Gran Chaco*. Como consecuencia del fallo y de la acción del gobierno se detuvo el envió y se ordenó que los mismos fuesen regresados a sus hogares. Lehmann – Nietzche estaba por entonces afiliado al Museo de La Plata y lamentó la decisión del gobierno porque los centros científicos europeos se verían privados de la oportunidad de hacer observaciones directas sobre los integrantes de dicha tribu. Por eso, él mismo decidió estudiar

---

[74] Sobre la inserción de este antropólogo en el Museo de La Plata, cfr. Máximo Farro, *La formación del Museo de La Plata. Coleccionistas, comerciantes, estudiosos y naturalistas viajeros a fines del siglo XIX*, Prohistoria Ediciones, Rosario, 2009, pp. 157/169.

y medir[75] los cuerpos de aquéllos mientras permanecían en Buenos Aires, antes de su regreso al chaco. En 1904 publicó, en la *Revista del Museo de la Plata* las observaciones hechas en 1899 bajo el título *Études Anthopologiques sur les indiens Takshik du Chaco Argentin.* Este trabajo puede considerarse como el primer texto académico sobre un grupo chaquense publicado en el país[76]. Lehmann – Nietzche continúo, con posterioridad, realizando nuevas investigaciones en este ámbito. Así, ya como jefe de la Sección Antropología del Museo de La Plata, "condujo nuevas campañas al Chaco dedicadas al estudio del lenguaje y la astronomía indígenas que reforzaron la imagen de estos grupos como centrados en mitología"[77]. Y si me detengo en este autor es porque coincido con la opinión de Gordillo en orden a que, a partir de

---

[75] Tanto en esta investigación, como en estudios posteriores respecto de los grupos chiriguanos, chorotes, matacos y tobas, Lehmann – Nietzche utilizaría, también, la técnica fotográfica. Al respecto, cfr. Alejandro Martínez, "Imágenes del 'tiempo de los antiguos'. Fotografía y lugares de memoria", en Liliana Tamagno (coordinadora), *Pueblos indígenas. Interculturalidad, colonialidad, política*, Ed. Biblos, Bs. As., 2009, p. 98 y siguientes. De la misma opinión, Farro, *La formación (...)*, op. cit., p. 163.

[76] Así, Gordillo, *En el Gran Chaco (...)*, op. cit., p. 230.

[77] Cfr. Gordillo, *En el Gran Chaco (...)*, op. cit., p. 235.

la difusión de estas investigaciones, Lehmann – Nietzche contribuyó a consolidar la primera construcción exotizante de los antiguos habitantes del Chaco[78]. Dicho en otras palabras: fue uno de los primeros, dentro de los estudiosos de la etnografía chaquense, que brindó elementos que favorecieron la construcción de un imaginario que ubicaba a esos aborígenes en la temprana etapa del *salvajismo*.

Pero además, Lehmann – Nietzche fue "el primer autor en la Argentina en sugerir que la antropología debía asesorar a las políticas estatales sobre grupos aborígenes"[79]. Así, en una conferencia pronunciada en 1910, propuso que el Estado creara reservas, siguiendo el modelo estadounidense, donde los indígenas pudiesen mantenerse a su manera y proporcionar, al mismo tiempo, una mano de obra barata[80].

Si bien es cierto que el pensamiento de Lehmann – Nietzche no agotó la visión que, de

---

[78] Cfr. Gordillo, *En el Gran Chaco (...)*, op. cit., p. 235.

[79] Cfr. Gordillo, *En el Gran Chaco (...)*, op. cit., p. 234.

[80] Cfr. Gordillo, *En el Gran Chaco (...)*, op. cit., p. 235. Esta propuesta – agrega Gordillo – "influyó en los debates que condujeron a la creación de la reducción de Napalpí en 1911 y dieron comienzo a las políticas indigenistas en la Argentina".

esta cuestión, tuvieron los antropólogos de la época[81], no lo es menos que, en esta construcción del imaginario – tributaria de una concepción evolucionista cultural – este autor no estuvo sólo. En efecto, un etnógrafo finlandés coetáneo, también congruente con las concepciones evolucionistas, Rafael Karsten – que trabajó sobre la misma región – proyectó "la imagen del 'salvaje de pensamiento mágico'", en donde resuenan algunos ecos de las ideas de James George Frazer[82].

Si me he detenido en esta descripción es porque considero que tanto los elementos del darwinismo social (presentes en algunas obras de Ingenieros) como del evolucionismo cultu-

---

[81] Gordillo, op. cit., p. 235 y ss., demuestra la existencia de una visión diversa sobre la cuestión chaquense; representada por los trabajos de Nordenskiöld y, particularmente, de Métraux.

[82] Sobre Frazer, cfr. Luis Álvarez Munárriz, Visión histórico sistemática de la antropología social, en Carmelo Lisón Tolosana (Ed.), Introducción a la antropología social y cultural. Teoría, método y práctica, Ed. Akal, Madrid, 2007, pp. 25/27. Sobre el evolucionismo de Karsten y la influencia que en él produjo Frazer (no sin importantes cuestionamientos), vide Christer Lindberg, The code of honour - truth and moral in the writings of Rafael Karsten , en Acta Americana, Vol 2, 1994. Hay versión disponible en la web en http://www.indis.se/joomla/index. php? option=com_content&view=article&id=27:the-code-of-honour-truth-and-moral-in-the-writings-of-rafael-karsten&catid=16:arti cles&Itemid=28

ral (con repercusiones en Moyano Gacitúa)[83] aportaron insumos para la construcción del discurso jurídico vernáculo respecto de la cuestión indígena. Esto demuestra el indudable trasvasamiento disciplinar de la *ciencia social* en general – y, en especial, del saber antropológico que componía, también, esa *melange* - hacia la criminología y la ciencia jurídica; al utilizar, como estrategia argumentativa, las categorías conceptuales de aquélla[84].

---

[83] El pensamiento de Moyano Gacitúa en este aspecto, se muestra más bien alejado del determinismo fatalista de Ingenieros. De allí que en el texto hable de las repercusiones de la teoría del evolucionismo cultural respecto de este autor. Esto puede comprobarse a través de la lectura de diversos pasajes de su obra *La delincuencia Argentina*, ya citada. Por de pronto, para Moyano Gacitúa, las razas autóctonas poseían "aptitudes para el progreso y la moral" (p. 99). Y si bien, como factor étnico componente de la población argentina le reconoce aspectos más bien negativos, estima que su incorporación a la "civilización" es posible a través de la hibridación y a la inclusión en el trabajo (cfr. pp. 101, 102 y nota 1; en donde reproduce el pensamiento de Bialet Massé en donde "presenta al indio del Chaco como buen industrial, particularmente en la caña de azúcar").

[84] Penhos, "Frente y perfil (...)", op. cit., p. 35, destaca este aspecto; cuando expresa la existencia de "una contaminación y confusión de disciplinas".

3.- Política indigenista tutelar

El determinismo consustancial con el darwinismo social se opuso a la idea de "progreso", propia del evolucionismo cultural. Su concepción postulaba, en cambio, "simplemente la supervivencia de una especie favorecida por razones genéticas"[85].

Por el contrario, el evolucionismo cultural admitía la posibilidad de "ayudar" a los indígenas, a través de la educación, el trabajo y otros mecanismos de aculturación, para alcanzar así los estadios máximos de la civilización. Como lo expresa Blanco: "[e]l indígena no estaba contemplado dentro de un mismo proyecto de Nación y, por lo tanto, debía *adaptarse*"[86]. Esta palabra (*adaptación*, a

---

[85]   Cfr. Terán, *Historia de las ideas (...)*, op. cit., p. 140.

[86]   Cfr. Fernando Luis Blanco, "Vagos, malentretenidos, enemigos y menores. Disciplinamiento y control de la fuerza de trabajo indígena en el Chaco (principios del siglo XX)", en Adrián Carbonetti – Carlos Garcés – Fernando Blanco (Compiladores), *De sujetos, definiciones y fronteras. Ensayos sobre disciplinamiento, marginación y exclusión en América. De la colonia al siglo XX*, Ferreyra Editor, Córdoba, 2002, p. 158. La idea de la no inclusión del aborigen en el proyecto de Nación también la menciona Juan Bialet Massé (*aunque sin adscribir a esta concepción*), en su *Informe sobre el estado de las clases obreras en el interior de la República*, Alción Editora, Córdoba, 2007, p. 69, al indagar sobre el alcance de la cláusula constitucional del artículo 67, inciso

través de los instrumentos de aculturación) es lo que distingue a las políticas indigenistas de corte paternalista o tutelar; por oposición a las prácticas genocidas que se pretendían legitimar, en forma pseudo – científica, merced a los postulados sociodarwinianos.

Sin duda que esta política paternalista o tutelar estuvo íntimamente ligada con la concepción relativa a la capacidad jurídica civil del abórigen a inicios del siglo veinte. Una buena demostración de esta concepción está representada por el siguiente pasaje de Bialet Masse: "La condición del indio es la de un incapaz, en los términos precisos de la ley civil: no sabe el idioma del país, no sabe leer ni escribir, no tiene idea de las relaciones jurídicas, ni menos, conocimientos de las leyes del país, y apenas de las más elementales de derecho natural. Por consiguiente, en toda relación con extraños necesita que se complete

---

15 (de acuerdo a la numeración de la época) y de la legislación dictada en su consecuencia. Allí el autor refiere que "[l]a reforma [Constitucional] de 1866 dejó subsistente la cláusula y lo mismo hizo la de 1898; y el Congreso, al sancionar la ley de distribución de asuntos entre los Ministerios, fijó en el inc. 8° del art. 12 al del interior: 'El trato con los indios'; *transmitiéndose así el pensamiento originario al través de medio siglo, y que excluye la condición del ciudadano común* (...)" (El énfasis me corresponde).

esa personería, interviniendo en los contratos que celebre, especialmente en los de trabajo, y se vigile su cumplimiento. El Ministerio de Menores e Incapaces es una institución fracasada; en las ciudades por falta de personal que pueda llenar cumplidamente la misión tan extensa que le está confiada; en la campaña, por falta de personal preparado; y si además se le agrega este nuevo servicio, en territorios tan extensos y desconocidos, no servirá sino para justificar abusos y producir efectos contraproducentes; hay, pues, necesidad de un defensor especial (...) bajo la dirección de un protectorado o patronato nacional, dependiente del Ministerio del Interior (...)"[87].

Y consecuente con su pensamiento, este autor propuso un proyecto de ley de creación de un ***Patronato Nacional de Indios***[88].

El proyecto en cuestión no sólo es revelador "del paternalismo como forma del 'poder tutelar', que predomina en el pensamiento de

---

[87] Cfr. Bialet Massé, *Informe (...)*, op. cit., p. 70.

[88] Por cierto que no se trató del único proyecto en esa dirección. En este sentido Blanco, "Vagos, malentretenidos (...)", op. cit., p. 167, refiere que otro proyecto para la formación de un Patronato Nacional de Indios fue encontrado, sin fecha precisa, ni autor registrado, en el Fondo Documental Ruiz Moreno del Archivo General de la Nación.

Bialet en relación con las políticas referidas a los trabajadores indígenas"[89] sino que, además, es una buena muestra de la adhesión de su autor al ideario del evolucionismo cultural, al que me refiriera en el acápite precedente[90].

En efecto, a través de este proyecto se pretendía, junto a la creación del Patronato, el establecimiento de diversas colonias. Cada colonia aborígen, administrada por un Consejo, constituía "un eslabón más de la cadena prevista por Bialet para *similar* el indio a la civilización"[91]. Y de hecho, entre las funcio-

---

[89] Cfr. Blanco, "Vagos, malentretenidos (...)", op. cit., p. 163.

[90] Esta, también, es la opinión de Aldo Parfeniuk, "Juan Bialet Massé: además, Antropólogo", en AA. VV., *Juan Bialet Massé. Precursor de la regulación de las condiciones de trabajo*, T° 1, Vida y obra, Alción Editora, Córdoba, 2007, p. 215: "Sí quisiéramos ubicar al Bialet Massé antropólogo – siempre en base al Informe – en un mapa histórico – ideológico de la Antropología como ciencia social, teniendo en cuenta los cambios de paradigma (...) que la disciplina produjo en los últimos ciento cincuenta años, cronológicamente su lugar natural sería (...) el contemporáneo al de la ideología *evolucionista*, que en Europa dura, por lo menos, hasta el comienzo de la Primera Guerra Mundial y que fundamentalmente equipara los movimientos del 'progreso' con las 'etapas de una evolución', cuyo punto de excelencia será, por supuesto, la cultura creadora tanto de la disciplina como de los criterios e instrumentos de medición: es decir, la cultura europea".

[91] Así lo expresa Marcelo Lagos, "Informe Bialet Massé: la mirada etnográfica", en AA. VV., *Juan Bialet Massé. Precursor de la*

nes del Consejo destacaba la de *"alentar a los indios en el progreso de su cultura"*[92]; para lo cual, además de la enseñanza de actividad laboral - a cuyos efectos se establecía la figura de los "capataces agrícolas" (artículo 10, 1° párrafo) - se prestaba particular importancia a la educación de la lengua nacional por parte de maestros[93].

Esta política indigenista de asimilación, propia del paradigma evolucionista cultural, pronto tuvo su cristalización por medio de la creación de reducciones y reservas[94]. A través

---

regulación de las condiciones de trabajo, op. cit., p. 200.

[92] Cfr. Proyecto, artículo 5°, *Informe (...)*, op. cit., p. 71.

[93] En cada colonia debía crearse una escuela primaria elemental; debiendo, los maestros, "hacer la propaganda más persuasiva y eficaz para lograr la asistencia" (artículo 8°). Esta actividad – propagación de la educación – también era compartida con los sacerdotes; quienes tenían que "convencer a los indígenas de la conveniencia y utilidad para ellos de la asistencia a las escuelas y aprendizaje del idioma nacional" (artículo 9°). Para estos textos, *vide Informe* (...), op. cit., p. 72.

[94] Esta política indigenista, indudablemente, se enmarca dentro de los planes de hegemonismo del Estado nacional. Sobre este aspecto, la literatura historiográfica es conteste. Así, Eduardo A. Crivelli, "Las sociedades aborígenes", en Academia Nacional de la Historia, *Nueva Historia de la Nación Argentina*, T° 7, Ed Planeta, Bs. As., 2001, p. 167, expresa: "El Estado, vencedor, no propuso a las comunidades aborígenes sobrevivientes otro camino que el de la *asimilación*; en otros términos, *la disolución en la sociedad nacional, una entidad hegemónica de inspiración*

de ellas se pretendió la incorporación de las comunidades indias a la sociedad nacional[95]; sobre la base de tres acciones: reducir, proteger e instruir.

Reducción, protección e instrucción fue la trilogía eufemística sobre la cual se asentó el marco ideológico de las políticas imperantes en la época: reducción "significaba en la práctica confinamiento, separación, segregación"; protección "implicaba que los indígenas no estaban en condiciones de actuar por sí mismos"; instrucción era "desgajarlos de las pautas culturales ancestrales"[96]. Como lo sintetiza Blanco: los ensayos destinados a instaurar una

europea". Sin embargo, este proceso no estuvo exento de estrategias, que desarrolladas por los pueblos originarios, tuvieron por objeto construir formas de resistencia. Como lo describe Raúl Mandrini, *La Argentina aborigen. De los primeros pobladores a 1910*, Siglo veintiuno editores, Bs. As., 2008, p. 271: "Como en las pampas, también los pueblos originarios chaqueños debieron elaborar complejas estrategias para sobrevivir a las duras condiciones y a la sobreexplotación. Ensayaron distintas formas de resistencia: algunos llegaron a protagonizar verdaderos levantamientos como el de Napalpí en 1924, reprimido violentamente; otros se adaptaron y negociaron como pudieron".

[95] Como lo explicita el propio instrumento jurídico de creación de la reducción de Napalpí, de fecha 27 de octubre de 1911: "Nada prueba que no sea posible incorporar a esos indígenas a la civilización por medios puramente pacíficos".

[96] Cfr. Carlos Martínez Sarasola, *Nuestros paisanos los indios*, Ed. Emecé, Bs. As., 1992, p 390.

política indigenista, concebida como la tutela de los indígenes, produjo una doble acción: "(...) 'por una parte, [excluía] a los indígenas en la medida en que se obliga a los pueblos nativos a mantenerse segregados. Al mismo tiempo, [incluía] esos grupos (y sus tierras) en el espacio nacional' (...). Y todo ello construido en torno de los atributos identitarios a que fueron sometidos los pueblos originarios por medio de la aplicación de los conocimientos científicos"[97].

---

[97] Cfr. Blanco, "Vagos, malentretenidos (...)", op. cit., pp. 175/176.

§ 4.- Imaginarios y continuidades: algunas propuestas conclusivas

"*Ambiente semibarbaro*", "*seres inconscientes*", "*hábitos atávicos*", "*mentalidad deficitaria*", "*absoluta incultura*", necesaria "*absorción*" de los pueblos originarios, son los sintagmas discursivos que caracterizan las proyecciones imaginarias con respecto a las comunidades indígenas que se emplean en la argumentación realizada por los operadores jurídicos (jueces, procuradores, defensores) en las sentencias analizadas.

La reiteración de estas expresiones estereotipadas pone en evidencia una fuerte concepción etnocéntrica; al reproducir una permanente imagen negativa "del *Ellos*" (de la *otredad*), en contraste con lo "positivo del *Nosotros*".

Esta práctica discursiva que caracteriza los fallos relevados, *por regla*, constituye un reflejo del saber jurídico vernáculo coetáneo. En este sentido, el positivismo criminológico italiano – **en su vertiente *lombrosiana*** – no tuvo (en esta materia) una recepción firme en nuestro ámbito cultural; más bien todo lo contrario: fue objeto de una severa crítica por parte de los principales exponentes locales de esta concepción. Quizá, la sentencia del juez de Esquel – dentro de los documentos que aquí he examinado – sea la única que muestra cierta inclinación - por cierto, muy tardía - por la teoría del atavismo; lo que intuyo **no como producto de una línea argumental teórica compartida** sino, más bien, como una supervivencia formativa arcaíca en la concepción del agente judicial.

Por el contrario, resulta visible en los pronunciamientos judiciales la adhesión a concepciones jurídicas del positivismo criminológico tal cual fue **matizado – y, en algunos casos, reformulado** – por los referentes locales de esta teoría; y en donde la cuestión indígena fue analizada a partir de categorías tomadas de otros saberes que conformaban – en una verdadera *melange* disciplinaria – las primeras aproximaciones de la teoría social vernácula.

Así, tanto el darwinismo social (presente, por ejemplo, en las ideas de Ingenieros) como el evolucionismo cultural (receptado en la concepción de Moyano Gacitúa) fueron utilizados, indistintamente – y aún cuando sin citarlos de manera expresa -, en la construcción argumental de ciertos fallos.

El *fatalismo determinista*, propio del darwinismo social, surge explícito, por ejemplo, en la sentencia del magistrado chubutense cuando, en un pasaje de su fallo, expresó, con relación a las prácticas incestuosas: ***"como se hizo antes y se seguirá haciendo en la tribú indígena, hasta tanto el Estado no lo saque de esa concuspicencia, aún con fines defensistas de la sociedad"***.

Una lectura muy similar a la anterior se puede observar en las palabras del Fiscal de Estado, trascriptas por el juez Risolía, al votar el precedente "Abdón López": se "[n]iega, en fin, que los aborígenes puedan convertirse en 'ganaderos asociados a extraños', pues sólo les cabe (...) 'el laboreo de las tierras como forma de subsistencia y de integración moral de una ***raza en desaparición"***.

Pero, sin duda, es mayor la presencia de formas argumentativas vinculadas con claras políticas tutelares del aborigen, cobijadas al amparo de la teoría de la evolución cultural. En este sentido, la idea de "absorción", a través de los instrumentos de aculturación (como la inclusión de los aborígenes en reducciones y reservas), presente en el voto del ministro Risolía; la necesidad de protección de un grupo de aborígenes, "por carecer ellos personalmente de todo recurso propio" – según la expresión del Procurador Sabiniano Kier – o las reiteradas alusiones al desconocimiento de la lengua nacional, como factor que obstaculizaba la asimilación (a la que se refieren los casos registrados en los volúmenes 2 y 81 de la colección de *Fallos*), constituyen claras muestras de la proyección de esta vertiente.

Ahora bien: ¿cómo se explica la supervivencia de estas concepciones hasta tan entrada la década de los años sesenta del siglo veinte?

Desde luego que resulta lógico que los discursos judiciales de las dos últimas décadas del siglo diecinueve y de las dos primeras del siguiente apelasen a estas concepciones. Y lo digo así por cuanto la literatura científica está de acuerdo en que, en el ámbito académico argentino – y aún cuando ya en su país de origen la concepción del positivismo criminológico había decaído – la teoría conservaba aquí toda su lozanía[98].

En realidad – y como lo he demostrado en trabajos anteriores[99] - la influencia del positivismo criminológico pudo sentirse en nuestro medio hasta bien entrada la década de los cincuenta del siglo veinte. Claro que, a partir de la década del treinta, esta concepción comenzó a perder cierta fuerza; sobre todo con la crítica realizada por Sebastián Soler[100]. Sin

---

[98] Así lo reconoce Giuditta Creazzo, *El positivismo criminológico italiano en la Argentina*, Ed. Ediar, Bs. As., 2007, p. 249. La persistencia de esta corriente en las dos primeras décadas del siglo XX se vió reforzada por las dos visitas (1908 y 1910) que hizo a la Argentina Enrico Ferri (al respecto, cfr. Abelardo Levaggi, "Impacto que produjo en la Ciencia Penal Argentina la presencia de Enrico Ferri", en *Horizontes y convergencias: lecturas históricas y antropológicas sobre el Derecho* – Sección Investigaciones – disponible en http://horizontesyc.com.ar/). He enfatizado que esta persistencia es en el ámbito académico por cuanto, en el terreno legislativo – y más allá de algunas propuestas de *lege ferenda* – su incidencia es "totalmente secundaria" (Creazzo, op. cit., p. 249).

[99] Cfr. José Daniel Cesano, "El sistema penal durante el primer peronismo", *Boletín Americanista*, N° 56, Año LVI, Barcelona, 2006, pp. 83/86.

100 Como lo expresan Eugenio Raúl Zaffaroni y Miguel Alfredo

embargo, la persistencia de algunas de sus ideas – como sucedió con la ideología subyacente a la cuestión carcelaria o en la materia que aquí se aborda – me parece innegable[101].

Respecto de la cuestión indígena esta *continuidad* tiene algunos elementos *adicionales* que la explican.

Por su particularidad – y tal cual ya lo he señalado – el discurso jurídico sobre esta problemática tomó su *materia prima* de otros saberes sociales; en especial el antropológico. Este aspecto es relevante desde que entre

---

Arnedo, *Digesto de la codificación penal Argentina,* T° 1, Ed. A/Z, Madrid, 1996, p. 84: "En esta misma década [se refiere a la de fines del veinte e inicios del treinta] (...) en la Argentina comenzaba a enunciarse académicamente la crítica abierta del concepto [en alusión a la peligrosidad], por la pluma de Sebastián Soler, que da forma acabada a la misma – ya enunciada en otros trabajos – en su monografía 'Exposición y crítica de la teoría del estado peligroso' (Buenos Aires, 1929), que termina con la crítica demoledora de los tres proyectos de estado peligroso (1924, 1926 y 1928) (...)".

[101] Justamente, y respecto a la enseñanza en diversos centros académicos de gravitación, la continuidad de las ideas positivistas puede explicarse – sin duda no como factor único, pero sí con cierta relevancia – por el desplazamiento de aquellos referentes científicos que, durante las décadas del '30 al '40 se habían opuesto, con toda firmeza, a aquella concepción (la del positivismo criminológico). Tal el caso de Sebastián Soler y Ricardo Núñez, que perdieron sus cátedras universitarias durante el primer peronismo. Al respecto, cfr. Cesano, "El sistema penal (...)", op. cit., pp. 84/85.

principios y mediados del siglo veinte, en líneas generales (y salvo algunas excepciones) la antropología social académica de aquélla época consideró el problema indígena como una cuestión *inactual*. Así, los pocos etnógrafos que se dedicaban a salvar lo que quedaban de las culturas autóctonas se limitaron a recomendar a las autoridades "como facilitar la absorción étnica y cultural de los indígenas a la nación"[102].

Un buen reflejo de esta situación puede observarse en el Instituto Étnico Nacional que entre 1948 y 1951 fue dirigido por Salvador Canals Frau. Con el advenimiento de Canals Frau – y tras el alejamiento de Santiago Peralta – se pretendió dar al Instituto un perfil más académico. Es así que comenzaron a publicar-

---

[102] Cfr. Axel Lazzari, "Antropología en el Estado: el Instituto Étnico Nacional (1946 – 1955), en Neiburg – Plotkin, *Intelectuales y expertos (...)*, op. cit., p. 207. Y en la p. 223 el autor reafirma este aspecto al expresar que: "[u]na prueba del distanciamiento académico de la política indigenista era la ausencia de antropólogos en el organismo oficial destinado a tal fin, la Comisión Honoraria de Reducciones de Indios (1916 – 1943), integrada, en cambio, por médicos higienistas e ingenieros. En cuanto a las incursiones indigenistas de los antropólogos académicos, éstas fueron casi nulas durante el período considerado. Excepcionales son las actuaciones de algunas 'sociedades protectoras de indios' y unas pocas declaraciones de Robert Lehmann – Nietzche, Alfred Métraux y Márquez Miranda".

se los *Anales del Instituto Étnico Nacional*.

¿Cuáles fueron las características del tratamiento de la cuestión indígena en los *Anales*?

Lazzari la sintetiza de la siguiente manera: "[d]e acuerdo con su papel de asesor de la Dirección de Protección del Aborígen, el Instituto Étnico Nacional publicó cuatro artículos estrictamente indigenistas. En ellos, el sujeto indígena que vive en las colonias organizadas por el estado requiere no sólo nacionalidad sino sobre todo la protección y civilización. Complementando al indígena antiguo, bueno para solidificar lealtades nacionales, el indígena vivo es visto como reserva de trabajo que debe ser administrada de acuerdo con el régimen especial que reclamaba su 'diferencia' (cultural y/o racial). El Instituto Étnico Nacional reafirma sin titubeos que el mejor gobierno de esta diferencia, que coloca al indígena en el extremo del espacio étnico del tipo argentino, es su inmovilización y reclusión en colonias"[103].

---

[103] Cfr. Lazzari, "Antropología en el Estado (...)", op. cit., p. 217. Diana Isabel Lenton, "Guerra y frontera: la Argentina como país sin indios", en Susana Villavicencio – María Inés Pacecca (compiladoras), *Perfilar la nación cívica en la Argentina. Figuracio-*

Entre los fallos que he analizado, sin embargo, hay uno que pertenece a 1969. En su línea argumentativa, dicha sentencia no se aparta en mucho de las que cronológicamente la precedieron.

¿Cómo se explica la *persistencia* de estas ideas?

Una respuesta posible se vincula con el carácter conservador que posee la disciplina jurídica. El derecho – expresa Jarkko Tontti – "es una práctica social profundamente tradicional"[104]. Y de hecho, cuando los jueces resuelven una determinada cuestión lo hacen, por regla, dentro de una determinada tradición; en cuya trasmisión, la educación jurídica cumple un rol destaca-

---

nes y marcas en los relatos inaugurales, Ediciones del puerto, Bs. As., 2008, p. 166, nota n° 11, destaca que las ideas respecto de las colonias indígenas en Argentina forman "parte de un imaginario *de largo aliento* que resistió los cambios ideológicos y administrativos más aparentes, siendo una de sus últimas expresiones la ley 14.254 de 1953, que autorizaba al Poder Ejecutivo Nacional a crear 'doce colonias granjas de adaptación y educación de la población aborigen' en las provincias de Salta, Jujuy, en la ciudad presidente Perón y territorio de Formosa".

[104]   Cfr. Jarkko Tontti, "Tradición, interpretación y derecho", en Pablo E. Navarro y María Cristina Redondo, *La relevancia del derecho. Ensayos de filosofía jurídica, moral y* política, Ed. Gedisa, Barcelona, 2002, pp. 118/119. Me he ocupado, también, de esta cuestión en mi libro *En el nombre del orden* (...), op. cit., pp. 38/39.

do[105]. Si se está de acuerdo con lo anterior y se tiene presente que la argumentación teórica de los juristas en esta materia tomó prestado muchos de sus enfoques de las concepciones antropológicas, nada hay de sorprendente en que, bien entrada la década de los sesenta, se continuase utilizando perspectivas teóricas antropológicas, y sus tributarias jurídicas, de décadas anteriores.

A esta explicación puede sumársele otra hipótesis vinculada con la ***perdurabilidad*** de una forma de *hacer* antropología social.

Me explico: si bien es cierto que a partir de 1955 – por lo menos en el ámbito académico de la Universidad de Buenos Aires – se verifica una renovación en las ideas antropológicas, esto no significa que no ***coexistiesen*** formas de *hacer la disciplina* bastante diversas.

En efecto, producida la *revolución libertadora* se produjo el alejamiento de José Imbelloni y con él el regreso de figuras ante-

---

[105] Como expresa Tontti, "Tradición (...)", op. cit., p. 123: "(...) las interpretaciones de los juristas académicos pueden, en verdad, tener mucho mayor efecto sobre la práctica jurídica que el que es normalmente aceptado; la historia de los efectos se produce de manera más efectiva cuando no es conscientemente advertida su influencia".

riormente censuradas por el peronismo. Tal el caso, por ejemplo de Enrique Palavecino.

Este investigador publicaría el primer análisis explícito de cambio cultural en el Chaco. "En un artículo de 1959 analizó las transformaciones sociales que afectaban a los grupos indígenas y sostuvo que su presunta 'inadaptabilidad' a la sociedad nacional no era causada por su 'incapacidad racial' sino por el 'tratamiento inadecuado' al que eran sometidos (...). También hizo un llamado a una 'política estatal racional' que contrarrestara la discriminación y sostuvo que la antropología tenía un papel importante que cumplir en este proceso, debido a que 'un adecuado tratamiento' de estas comunidades requería 'un conocimiento profundo de la cultura nativa'"[106].

Sin embargo, esta tradición académica debió competir, en la Universidad de Buenos Aires, con otra representada por un discípulo de Imbelloni: Marcelo Bórmida. En rigor, aunque con un posicionamiento teórico diverso al de Lehmann – Nietzche, este autor "continúo y radicalizó el distanciamiento de los indígenas comenzado por Lehmann – Nietzche.

---

[106] Cfr. Gordillo, *En el Gran Chaco* (...), op. cit., p. 240.

En este sentido, las diferencias entre Bórmida y Palavecino tenían profundas connotaciones ideológicas. Recogiendo el legado de tradiciones académicas políticamente conservadoras, Bórmida rechazó como 'reduccionista' a cualquier antropología comprometida con la pragmática del cambio sociocultural y comenzó a bogar por una hermenéutica de la 'mentalidad arcaica'"[107].

Lo narrado hasta aquí me permite intuir, con cierto fundamento, que el discurso jurídico, sobre la cuestión indígena (durante el período analizado) fue el producto de la apropiación de representaciones o imaginarios pertenecientes a otros saberes (en especial, el antropológico); y que su perdurabilidad en el tiempo respondió tanto al carácter tradicional

____

[107] cfr. Gordillo, *En el Gran Chaco...*, op. cit. p. 240. Sobre los cambios en la antropología académica porteña después de la revolución de 1955, cfr., entre otros: Rosana Guber, "Linajes ocultos en los orígenes de la antropología social de Buenos Aires", *Avá, Revista de Antropología*, N° 8, Secretaría de Investigación y Postgrado de la Facultad de Humanidades y Ciencias Sociales de la Universidad Nacional de Misiones, Posadas, diciembre de 2005, pp. 26/55 y Edgardo O. Garbulsky, "Historia y Antropología. Encuentros y desencuentros en la Argentina", *Revista de la Escuela de Antropología*, Volumen IV, Universidad Nacional de Rosario, Facultad de Humanidades y Artes, Escuela de Antropología, Julio de 1998, pp. 24/28.

de la disciplina jurídica – en el sentido de que el derecho graba y preserva un ensamble de creencias, valores, mitos y rituales que, al estar dotadas de autoridad, suelen extenderse en la diacronía[108] – como a las contingencias propias del saber antropológico en el proceso de su búsqueda identitaria.

---

[108] De acuerdo a la gráfica expresión de Tontti, "Tradición, interpretación y derecho", op. cit., p. 119.

§ 5.- Bibliografía y fuentes

Altamirano, Carlos, "Entre el naturalismo y la psicología: el comienzo de la 'ciencia social' en la Argentina", en Federico Neiburg – Mariano Plotkin (compiladores), *Intelectuales y expertos. La constitución del conocimiento social en la Argentina*, Ed. Paidós, Bs. As., 2004.

Álvarez Munárriz, Luis, "Visión histórico – sistemática de la antropología social", en Carmelo Lisón Tolosana (Ed.), *Introducción a la antropología social y cultural. Teoría, método y práctica*, Ed. Akal, Madrid, 2007.

Ameghino, Florentino, "Geología, Paleogeografía, Paleontología, Antropología", *La Nación 1810 – 1910*, Bs. As., 1910 [volumen en conmemoración del centenario].

Belvedere, Carlos - Caggiano, Sergio – Casaravilla, Diego – Courtis, Corina – Halpern, Gerardo – Lenton, Diana – Pacecca, María

Inés, "Racismo y discurso: una semblanza de la situación argentina", en Van Dijk, Teun A., (coordinador), *Racismo y discurso en América Latina*, Ed. Gedisa, Barcelona, 2007.

Biagini, Hugo E., "América Latina, continente enfermo", en Gustavo Vallejo – Marisa Miranda (compiladores), *Políticas del cuerpo. Estrategias modernas de normalización del individuo y la sociedad*, Siglo XXI editores, Bs. As., 2007.

Bialet Massé, Juan, *Informe sobre el estado de las clases obreras en el interior de la República*, Alción Editora, Córdoba, 2007 [1ª edición, 1904] .

Blanco, Fernando Luis, "Vagos, malentretenidos, enemigos y menores. Disciplinamiento y control de la fuerza de trabajo indígena en el Chaco (principios del siglo XX)", en Adrián Carbonetti – Carlos Garcés – Fernando Blanco (Compiladores), *De sujetos, definiciones y fronteras. Ensayos sobre disciplinamiento, marginación y exclusión en América. De la colonia al siglo XX*, Ferreyra Editor, Córdoba, 2002.

Botana, Natalio R. – Gallo, Ezequiel, *De la República posible a la República verdadera (1880 – 1910)*, Biblioteca del Pensamiento Argentino, Tº III, Ed. Ariel, Bs. As., 1997.

Brett, Annabel, "¿Qué es la historia intelectual ahora?", en David Cannadine (ed.), *¿Qué es la historia ahora?*, ALMED – Universidad de Granada, Granada, 2005.

Burke, Peter, Formas de historia cultural, Alianza Editorial, Madrid, 2006.

Burke, Peter, Historia y teoría social, Amorrortu editores, Bs. As., 2007.

Caimari, Lila, La ciudad y el crimen. Delito y vida cotidiana en Buenos Aires, 1880-1940, Ed Sudamericana, Bs. As., 2009.

Cesano, José Daniel, "Delito y diversidad cultural: algunas reflexiones sobre el caso argentino", en *Revista del Centro de Estudios Latinoamericanos*, Universidad de Varsovia, Warszawa, 2004.

Cesano, José Daniel, "El sistema penal durante el primer peronismo", *Boletín Americanista*, N° 56, Año LVI, Barcelona, 2006.

Cesano, José Daniel, *En el nombre del orden. Ensayos para la reconstrucción histórica del control social formal en la Argentina*, Alveroni Ediciones, Córdoba, 2006.

Cesano, José Daniel, Diversidad cultural y teoría del error, en Horizontes y convergencias: lecturas históricas y antropológicas sobre el Derecho – Sección Investigaciones – disponible en http://horizontesyc.com.ar/.

Cesano, José Daniel – Muñoz, Dora Alejandra, *Inmigración, anarquismo y sistema penal: los discursos expertos y la prensa – Córdoba y Buenos Aires 1890 - 1910 – (protesta social, flujos migratorios y criminalización)*, Alción Editora, Córdoba, 2010.

Creazzo, Giuditta, *El positivismo criminológico italiano en la Argentina*, Ed. Ediar, Bs. As., 2007.

Costa, Ricardo Lionel – Mozejko, Danuta Teresa, *"Producción discursiva: diversidad de sujetos"*, en Mozejko - Costa, Compiladores, Lugares del decir. Competencia Social y estrategias discursivas, Homo sapiens Ediciones, Rosario, 2002.

Crivelli, Eduardo A., "Las sociedades aborígenes", en Academia Nacional de la Historia, Nueva Historia de la Nación Argentina, T° 7, Ed Planeta, Bs. As., 2001.

Chartier, Roger, *El mundo como representación. Historia cultural: entre práctica y representación*, Ed. Gedisa, Barcelona, 2002.

Chartier, Roger, "¿Existe una nueva historia cultural?", en Sandra Gayol – Marta Madero (editoras), Formas de historia cultural, Ed.

Prometeo, Bs. As., 2007

Chiacchiera Castro, Paulina R., *La cuestión indígena. Análisis de la jurisprudencia de la Corte Suprema de Justicia de la Nación*, Ed. Advocatus, Córdoba, 2009.

Drago, Luis María , *Los hombres de presa*, Félix Lajouane Editor, Bs. As., 1888.

Farro, Máximo, *La formación del Museo de La Plata. Coleccionistas, comerciantes, estudiosos y naturalistas viajeros a fines del siglo XIX*, Prohistoria Ediciones, Rosario, 2009.

Garbulsky, Edgardo O., "Historia y Antropología. Encuentros y desencuentros en la Argentina", *Revista de la Escuela de Antropología*, Volumen IV, Universidad Nacional de Rosario, Facultad de Humanidades y Artes, Escuela de Antropología, Julio de 1998.

Gordillo, Gastón, *En el Gran Chaco. Antropologías e historias*, Ed. Prometeo, Bs. As., 2006.

Guber, Rosana, "Linajes ocultos en los orígenes de la antropología social de Buenos Aires", *Avá, Revista de Antropología*, N° 8, Secretaría de Investigación y Postgrado de la Facultad de Humanidades y Ciencias Sociales de la Universidad Nacional de Misiones, Posadas, diciembre de 2005.

Harris, Marvin, *El desarrollo de la teoría antropológica. Una historia de las teorías de la cultura*, Siglo veintiuno Editores, México,1997.

Ingenieros, José, "La formación de una raza Argentina" [1915], en *Sociología argentina*, Biblioteca Argentina de historia y política, Ed. Hyspamerica, Bs. As., 1988 [1918]

Ingenieros, José, *Criminología*, Buena Vista Editores, Córdoba, 2008 [1ª edición 1907].

Isla, Alejandro, *Los usos políticos de la identidad. Criollos, indígenas y Estado*, Ed. Libros de la Araucaria S.A., Bs. As., 2009.

Lagos, Marcelo, "Informe Bialet Massé: la mirada etnográfica", en AA. VV., *Juan Bialet Massé. Precursor de la regulación de las condiciones de trabajo*, T° 1, Vida y obra, Alción Editora, Córdoba, 2007.

Lazzari, Axel, "Antropología en el Estado: el Instituto Étnico Nacional (1946 – 1955), en Federico Neiburg – Mariano Plotkin (compiladores), *Intelectuales y expertos. La constitución del conocimiento social en la Argentina*, Ed. Paidós, Bs. As., 2004.

Lenton, Diana Isabel, "Guerra y frontera: la Argentina como país sin indios", en Susana

Villavicencio – María Inés Pacecca (compiladoras), *Perfilar la nación cívica en la Argentina. Figuraciones y marcas en los relatos inaugurales*, Ediciones del puerto, Bs. As., 2008.

Leoni de Rosciani, María Silvia, "Los territorios nacionales", en Academia Nacional de la Historia, Nueva Historia de la Nación Argentina, T° 8, Ed Planeta, Bs. As., 2001.

Levaggi, Abelardo, "Esbozo de las ideas penales argentinas en la década de 1890", *Revista de Historia del derecho "Ricardo levene"*, N° 30, Ediciones Ciudad Argentina, Bs. As., 1995.

Levaggi, Abelardo, "Impacto que produjo en la Ciencia Penal Argentina la presencia de Enrico Ferri", en *Horizontes y convergencias: lecturas históricas y antropológicas sobre el Derecho* – Sección Investigaciones – disponible en http:// horizontesyc.com.ar/

Lewin, Diego, "Los orígenes de la ciencia antropológica. La práctica antropológica en la Argentina desde fines del siglo XIX hasta los años 40", en Alejandro Balazote – Mariano Ramos – Sebastián Valverde [Editores], *La antropología y el estudio de la cultura. Fundamentos y antecedentes*, T° 1, Ed. Biblos, Bs. As., 2006.

Lindberg, Christer, "The code of honour - truth and moral in the writings of Rafael Karsten", en Acta Americana, Vol 2, 1994. Hay versión disponible en la web en http://www.indis.se/joomla/index.php?option=com_content&view=article&id=27:the-code-of-honour-truth-and-moral-in-the-writings-of-rafael-karsten&catid=16:articles&Itemid=28

Lombroso, César, *El delito. Sus causas y remedios*, Librería General de Victoriano Suárez, Madrid, 1902.

Lovejoy, Arthur O., "Reflexiones sobre la historia de las ideas", *Prismas. Revista de historia intelectual*, Ed. Universidad Nacional de Quilmes, N° 4, Bs. As., 2000.

Mandrini, Raúl, *La Argentina aborígen. De los primeros pobladores a 1910*, Siglo veintiuno editores, Bs. As., 2008.

Martínez, Alejandro, "Imágenes del 'tiempo de los antiguos'. Fotografía y lugares de memoria", en Liliana Tamagno (coordinadora), *Pueblos indígenas. Interculturalidad, colonialidad, política*, Ed. Biblos, Bs. As., 2009.

Moyano Gacitúa, Cornelio, *Curso de Ciencia Criminal y Derecho Penal Argentino*, Félix Lajouane Editor, Bs. As., 1899.

Moyano Gacitúa, Cornelio, *La delincuencia Argentina ante algunas cifras y teorías*, Casa Editora F. Domenici, Córdoba, 1905.

Obarrio, Manuel, *Curso de Derecho penal*, Félix Lajouane Editor, Bs. As., 1902

Otero, Hernán, Estadística y Nación. Una historia conceptual del pensamiento censal de la Argentina moderna 1869 – 1914, Ed. Prometeo, Bs. As., 2007.

Palerm, Ángel, *Historia de la etnología II. Los evolucionistas*, 3ª edición, Ed. Universidad Iberoamericana, México, 2005.

Parfeniuk, Aldo, "Juan Bialet Massé: además, Antropólogo", en AA. VV., *Juan Bialet Massé. Precursor de la regulación de las condiciones de trabajo*, T° 1, Vida y obra, Alción Editora, Córdoba, 2007.

Penhos, Marta Noemí, "Frente y perfil. Una indagación acerca de la fotografía en las prácticas antropológicas y criminológicas en Argentina a fines del siglo XIX y principios del XX", en AA. VV., *Arte y antropología en la Argentina*, FUNDACIÓN ESPIGAS, Bs. As., 2005.

Rinesi, Eduardo, Prólogo, en Quentin Skinner, *Lenguaje, política e historia*, *Ed.* Universidad Nacional de Quilmes, Bs. As., 2007.

Sarmiento, Domingo Faustino, *Darwin*, Ed. Universidad Nacional de Córdoba, 2009 [1881].

Schorske, Carl, Fin – de – siècle Vienna. Politics and Culture, Cambridge University Press, New York, 1979.

Skinner, Quentin, *Lenguaje, política e historia*, *Ed.* Universidad Nacional de Quilmes, Bs. As., 2007.

Talak, Ana María, "Eugenesia e higiene mental: usos de la psicología en Argentina (1900 – 1940)", en Marisa Miranda – Gustavo Vallejo, *Darwinismo social y eugenesia en el mundo latino*, Siglo veintiuno de Argentina Editores, Bs. As., 2005.

Terán, Oscar, *José Ingenieros: pensar la nación. Antología de* textos, Alianza Editorial, Bs. As., 1983.

Terán, Oscar, Historia de las ideas en la Argentina. Diez lecciones iniciales, 1810 - 1980, Siglo XXI Editores, Bs. As., 2008.

Tontti, Jarkko, "Tradición, interpretación y derecho", en Pablo E. Navarro y María Cristina Redondo, *La relevancia del derecho. Ensayos de filosofía jurídica, moral y* política, Ed. Gedisa,

Barcelona, 2002.

Vallejo, Gustavo – Miranda, Marisa, "La eugenesia y sus espacios institucionales en Argentina", en Marisa Miranda – Gustavo Vallejo, *Darwinismo social y eugenesia en el mundo latino*, Siglo veintiuno de Argentina Editores, Bs. As., 2005.

Van Dijk, Teun A., *Racismo y análisis crítico de los medios*, Ed. Paidos, Barcelona, 1997.

Van Dijk, Teun A. – Ting – Toomey, Stella – Smitherman, Geneva –Troutman, Denise, "Discurso, filiación étnica, cultura y racismo", en Teun A. Van Dijk, compilador, *El discurso como interacción social*, Barcelona, Ed. Gedisa, 2005.

Van Dijk, Teun A., "Racismo y discurso en América Latina: una introducción", en Van Dijk, Teun A., (coordinador), *Racismo y discurso en América Latina*, Ed. Gedisa, Barcelona, 2007.

Wulf, Cristoph, *Antropología. Historia, cultura, filosofía*, Ed. Anthropos, Barcelona, 2008.

Zaffaroni, Eugenio Raúl - Arnedo, Miguel Alfredo, *Digesto de la codificación penal Argentina*, T° 1, Ed. A/Z, Madrid, 1996.

IMPRESO POR EDITORIAL BRUJAS
EN MARZO DE 2010
CÓRDOBA - ARGENTINA